越读越有道理的
创业故事与哲理

叶 舟◎著

黑龙江教育出版社

图书在版编目（CIP）数据

越读越有道理的创业故事与哲理 / 叶舟著. -- 哈尔滨：黑龙江教育出版社，2017.8
（读美文库）
ISBN 978-7-5316-9589-9

Ⅰ.①越… Ⅱ.①叶… Ⅲ.①企业管理－通俗读物 Ⅳ.①F270-49

中国版本图书馆CIP数据核字（2017）第225851号

越读越有道理的创业故事与哲理
Yueduyueyou Daoli De Chuangye Gushi Yu Zheli
叶 舟 著

责任编辑	高 璐 常 畅
装帧设计	MM末末美书
责任校对	张 楠
出版发行	黑龙江教育出版社 （哈尔滨市南岗区花园街158号）
印 刷	保定市西城胶印有限公司
开 本	880毫米×1230毫米 1/32
印 张	7
字 数	140千
版 次	2018年1月第1版
印 次	2018年1月第1次印刷

书 号 ISBN 978-7-5316-9589-9 定 价 26.80元

黑龙江教育出版社网址：www.hljep.com.cn
如需订购图书，请与我社发行中心联系。联系电话：0451-82533097 82534665
如有印装质量问题，影响阅读，请与我公司联系调换。联系电话：010-64926437
如发现盗版图书，请向我社举报。举报电话：0451-82533087

前言

preface

创业，是一个说起来让人心潮澎湃、热血沸腾的话题。随着网络经济、知识经济、信息经济时代的到来，越来越多的人迈入了创业大潮，加入了创业大军之中。先是勇敢的下海者变成了“先富起来的人”——撑死“胆大的”，饿死“胆小的”，后是知识精英和留学归来者搞网络变成了“网络英雄”——说网络是“圈钱也行”，说网络是“烧钱”也罢，反正他们已经变成了亿万富翁，再后来是打工仔摇身一变成了私企老板——赚钱原来并不难，而当下的创业路上则有更多的人们在跃跃欲试……

一系列法律、法规，一系列优惠政策都在为创业潮推波助澜；一元创业已经不是什么新鲜事，白手起家原本就是创业的内涵。

在经历了种种磨难和困苦之后，有的人登上了成功者的宝座；有的人则只能抱憾而归，还有一些人，仍然在十字路口徘徊，犹豫着该不该沿着创业这条路继续走下去。

创业之路上充满了艰难曲折，创业者必须一个人独自面对变化莫测的激烈竞争，以及一系列随时出现的需要迅速解决的问题，需要靠自己去跨越的重重挫折。创业者必须具备非常优秀的创业素质、非常强的心理调控能力、熟练扎实的创业能力，以及敏锐的创业意识和竞争意识等，才能赢得创业这场战争，获得最后的成功。

创业维艰，创业没有捷径，但我们可以通过阅读一些在商海打拼的创业先行者们的创业故事，来开阔自己的眼界，吸收有益的经验，为自己日后的创业做好准备，打牢铺垫。

本书精选了近百则不同国籍、不同行业、不同文化、不同年龄、不同性别的创业者的创业故事。故事中的主人公众多，既有李嘉诚、马云、史玉柱这样的传奇创业家，也有归国学子、大学生、社会青年、下岗者这样默默无闻的创业者，既有靠家庭背景创业的“富二代”，也有靠自己打拼、白手起家的草根创业者，更有像福特、松下幸之助、比尔·盖茨、乔布斯这样享誉世界的创业大师。这些创业者无不经历了创业历程中的风风雨雨，但他们凭借自己的坚韧意志和聪明才智，战胜了创业过程中人们难以想象的困难和挫折，最终打拼出一片事业的天地，登上了创业的巅峰。

书中通过“故事+哲理”的形式，生动讲述了创业者们的艰难曲折的创业故事，总结提炼出放之四海而皆准的创业哲理，发掘出这些创业者们的创业精神、创业方式、创业方法，旨在培养你创业的素养、拼搏的胆魄、敏锐的眼光、灵活的经营思路，让你在创业中少走弯路，少受挫折，更稳更快地迈向创业的彼岸。

本书不仅是一本创业故事集，也是一本创业哲理书，更是一本创业指南。它更多的是对创业人生的深刻思考，对创业之路的努力探索，对创业创新之道的指引尝试，理性的思考多于感性的鼓动，方法的传授多于理念的说教，值得每一位心怀梦想、渴望成功的创业者阅读。

读故事，悟哲理，学创业。坚守信念，锐意进取，永不放弃，你就是下一个成功创业者！

目录

contents

第一辑　如何培养创业素质

01 把握时代潮流，成为时代宠儿 / 003

比尔·盖茨：创业从19岁开始

02 自信是创业的原动力 / 006

戴尔：对自己说“Yes”！

03 有志者，事竟成 / 008

“斯威尔大厦”的梦想

04 激情是创业的永动机 / 010

“小天鹅”的成功之道

05 创业就是做点燃激情的事 / 013

激情铸造的艺术工厂

06 失败是创业成功之母 / 016

汽车大王福特的三次创业史

07 在创业的道路上，没有退路 / 018

挺立不倒的创业家史玉柱

08 不经风雨怎见彩虹 / 020

贫穷打工仔的创业奋斗路

09 百折不挠才能登上创业顶峰 / 023

三起三落的创业者

10 市场不相信眼泪，只相信毅力 / 026

坚强的商业女杰们

11 只有偏执狂才能成功 / 028

创业艰难百战多

12 无畏无惧，才能无往不胜 / 030

从恐惧中站起来的巨人

13 不忘初心，方得始终 / 032

为梦想而生的餐饮大亨

14 不放弃梦想，梦想就不放弃你 / 035

执着梦想的图书公司创始人

创业导航：创业，你准备好了吗 / 038

第二辑 如何捕捉创业机会

15 机遇藏在细节里 / 043

让麦当劳开遍世界

16 优柔寡断是创业者的大忌 / 046

哈默：该出手时就出手

17 谁拥有现金牛，谁就能主宰市场 / 048

不断寻找现金牛的英特尔

18 有一流的品质，才有广阔的市场 / 051

伊利：树起“中国制造”大旗

19 小商品可以撬起大市场 / 053

金利来：小领带，大世界

20 不起眼的小市场大有作为 / 055

细分市场分出财富大蛋糕

21 不缺机遇，只缺发现机遇的眼光 / 057

“石头”变成“黄金”

22 瞄准市场，登上财富快车 / 059

一杯豆浆闯天下

23 没有冷淡的生意，只有冷淡的眼光 / 061

进军保健品市场

24 适应市场，利用市场，改造市场 / 064

区域市场的“领舞人”

25 美丽就是生产力 / 067

盛开在女人世界的“自然美”

26 精明的头脑是永远的财富 / 069

假发中的巨大商机

27 有技术含量的产品不愁销 / 072

让“飞跃”翱翔世界

28 好产品是打开市场的敲门砖 / 074

优质产品让“安乐”安享天下

29 三百六十行，行行出状元 / 076

擦皮鞋“擦”出了产业

创业导航：洞察市场，扬帆商海 / 078

第三辑 如何进行创业融资

30 融资要有水滴石穿的恒心 / 083
王博士的漫漫融资路
31 先明确股份产权分配，后启动创业蓝图 / 085
易趣创办人邵亦波的苦恼
32 与其向外融资，不如向内融资 / 087
拒绝风险投资的朋友
33 栽下梧桐树，引得凤凰来 / 090
可行性商业计划打动投资者
34 沉迷于“短贷长投”无异于玩火自焚 / 092
“短贷长投”，创业者的长痛
35 债务融资是一把双刃剑 / 094
债台高筑轰然倒下的“小巨人”
36 信用是个人融资的通行证 / 096
网络信用也能获贷款
37 小额贷款可解创业燃眉之急 / 098
小额贷款圆了创业梦
38 巧妙的运营模式可以无本万利 / 100
“借鸡生蛋”创辉煌
39 加盟创业可避免资金不足的窘境 / 102
加盟专卖店轻松当老板
40 独资经营投资小，适合个人初次创业 / 104
独自做老板的大学生

41 合资经营要明确各自的资金和产权关系 / 106
和朋友合伙开律师事务所
42 从业经历是创业者得天独厚的资本 / 108
白手起家，打工不如创业
创业导航：创业融资“八项注意” / 110

第四辑 创业如何开源节流

43 成本优势的巨人是成本管理的侏儒 / 115
千方百计省钱的*iContact*公司
44 节约1元钱等于挣了2元 / 117
福特精明的“吝啬”
45 涓涓小钱，汇成财富江河 / 119
华为：不以小利而不为
46 创业要准备充足的粮食过冬 / 121
与现金流的生死搏斗
47 大量成本开支会拖垮公司 / 124
公司是怎样被拖垮的
48 再小的买卖也要有本账 / 126
从账本中读出来的开店生意经
49 创业要有那么一口饭让自己存活下来 / 128
800万元都去了哪里
50 一块钱要发挥100%的功效 / 130
创业投资，好钢用在刀刃上

51 利润是一点一点节约出来的 / 132
创业艰难，省了就是赚了
52 薄利多销，却不一定赢利多 / 135
卖得多不如赚得多
创业导航：创业初期如何降低成本 / 137

第五辑 市场竞争与合作

53 创业要依靠拳头产品起家 / 141
重拳出击，谁与争锋
54 创新是做大公司的唯一道路 / 143
苹果：从小作坊到大企业
55 不走寻常路，才能开辟新路 / 146
沃尔玛：反其道而行之
56 独创精神是企业发展的永动机 / 148
盛田昭夫：有远见的推销员
57 创新不是跟对手竞争，而是跟明天竞争 / 151
马云：墙里开花，墙外先香
58 人无我有，人有我优，人优我转 / 154
李嘉诚的独门经营绝招
59 步人后尘只能啃别人剩下的骨头 / 157
勇于“吃螃蟹”的安踏
60 守住一棵树吊死，不如去寻找新的森林 / 159
独辟蹊径，开辟创业新通道

61 要么第一，要么出局 / 161
遥遥领先的行业排头兵
62 唯有自创品牌，才能永续经营 / 164
“要做就做最好，要当就当老大”
63 对手可以逼你进步，成长 / 168
周鸿祎：把对手当“磨刀石”
64 没有永远的对手，只有永远的利益 / 170
对手联手，共创财富帝国
创业导航：创业竞争的制胜之道 / 172

第六辑 做老板的智慧

65 外行不一定就不能成功 / 175
门外汉松下幸之助的创业史
66 万丈高楼平地起 / 178
李兆基：创业从拼地盘开始
67 稳扎稳打，才能做强做大 / 180
光辉的创业之路
68 德行善举是唯一不败的投资 / 182
船王包玉刚的经商之道
69 完美的顾客服务为创业奠基 / 185
体贴入微的平民饭店
70 小商做事，中商做市，大商做人 / 187
进军海外，信誉架起桥梁

71 不仅满足顾客，还要取悦顾客 / 190
IBM：给顾客最好的服务
72 顾客就是创业者的衣食父母 / 192
杰夫·贝佐斯：一切为了顾客
73 把心交给顾客，顾客就把心交给你 / 195
王卫：服务是最好的营销
74 信誉带来顾客，更带来回报 / 198
明星私营企业的诞生
75 人无信不立，店无信不兴 / 200
“芳芳”：值得信赖的美丽使者
76 金杯银杯不如顾客的口碑 / 202
老带新，顾客是最好的广告
77 卖出去的产品不是泼出去的水 / 204
小厂为何能有大作为
78 员工是企业最宝贵的资源 / 206
玫琳凯：与员工一起打江山
创业导航：创业者如何经营人脉 / 208

第一辑
如何培养创业素质

创业，令人神往，也令人敬畏。每一个创业者都希望能实现自己美好的梦想，让事业结出累累硕果。而创业不是一件轻而易举的事情，创业这条路上充满了艰难曲折，创业者必须一个人独自面对变化莫测的激烈竞争，以及一系列随时出现的需要迅速正确解决的问题和矛盾。创业者只有具备非常优秀的创业素质，才能冲破创业中的千难万险，登上创业顶峰。

创业者出色的创业素质，是创业者的第一堂课。永葆创业激情，练就百折不挠的创业斗志，不抛弃，不放弃，永不言败，迎接你的将是一片灿烂辉煌的创业明天。

01 把握时代潮流，成为时代宠儿

比尔·盖茨：创业从19岁开始

创业故事

比尔·盖茨是世界最大电脑软件公司的领导者，他坚信这样一个真理：作为一个成功者，无论在什么情况下，都要以顺应时代潮流为己任，只有这样，他的理想与奋斗才会合乎社会的发展方向，他的劳动成果才会成为对社会的贡献。

比尔的创业秘诀是：机不可失，失不再来。他决定自己的事业和追求从零开始，因此，他将第一个项目定位为给小型计算机设计一个基本语言（Basic语言），并由此走向成功。

在那个时代，典型的“牛郎星”计算机大约有4 000字节的内存。比尔的第一步计划是让计算机有限的内存空间得到最大限度的利用。而他的工作要更加复杂一些，因为他还没有一台“牛郎星”计算机。但这并不能阻碍他的事业，他的兴趣点是新的“英特尔”8008微型处理器的芯片，而这种芯片他也从来没有见过。

但是比尔勇敢无畏地承担起了研究这种芯片使用手册的工作。随后他又编写了一套程序，使哈佛大学里的一台大型计算机居然能够模拟“牛郎星”计算机的运行了。

在为“牛郎星”编写基本语言（Basic语言）的那段时间里，他的精力高度集中。1975年的冬天，他的工作进入了一个决定性的阶段。在这段日子里，他夜以继日地工作，疲惫至极的时候，常常是在书桌旁或地毯上打个盹。五个星期以后，他的Basic语言完成了，他将这个世界上第一个微型计算机软件公司的诞生的标志命名为“微软”，即大家现在熟知的“微软”公司。

比尔对于创建微软十分自豪，但他同时也想到，要想让一个刚刚介入市场的新型产业公司运转起来，将要付出超乎想象的代价。他还清醒地意识到，在与机遇迎面相逢的时候，要么当时就抓住它，为之放手一搏；要么就永远丧失。他决定在微型计算机软件行业开创一片属于自己的新天地。

在第二年的春天，年仅19岁的比尔·盖茨毅然投身商海之中，去创立他日后无比辉煌的“微软”公司。还未到24岁的时候，比尔做成了一笔大生意：为IBM公司设计便携式电脑机芯软件。

当“苹果”电脑公司的便携式电脑闪电般地拓展了市场，而IBM公司的领导层面临这种局面正在观望研究之时，比尔发出了预言：前途属于个人电脑，而所有的与便携电脑争夺市场的电脑也必将使用便携电脑的语言。结果，全世界（除了“苹果”公司）都采用了他的MS-DOS程序，他因此坐收巨利，他的“Windows”程序已经售出了1 000万套。从1993年起，他成为美国的首富。

创业的哲理

比尔·盖茨从19岁开始创业，他选择了适应时代潮流的方向，紧紧把握住了难得的机遇，从而成就了自己。这就是时代给予他的回报，也是历史的规律。

盖茨的创业，并没有十分优越的条件，他甚至没有一台“牛郎星”计算机，也没有见过“英特尔”8008微型处理器的芯片，但什么样的困难也阻止不了他创业的决心。他清楚自己的能力，相信自己能做到，于是他做到了。

这对于每个渴望创业又担心自己准备不足、困难重重的人来说是个很好的启示。

在时代赐予的良机面前，每个有志于自己创业的人，都不要徘徊、不要犹豫，只有勇敢地抓住机遇，并为之不懈努力，才能让自己梦想成真。

02 自信是创业的原动力

戴尔：对自己说“Yes”！

创业故事

戴尔1965年出生于休斯敦，一支著名的NBA球队火箭队的所在地，他的父亲是一位牙医，母亲是一个经纪人。因此，他们结识了许多中上阶层的人，这也使得小戴尔能有机会经常与那些自信的成功人士接触，从而培养了他自信的性格。通过与那些人的交往，小戴尔懂得了许多新鲜的东西，其中也包括电脑。

为了不辜负父母对他的一片期望，戴尔在1983年进入了得克萨斯大学，成了一名医学预科生。但事实上他只对电脑行业感兴趣，很想大干一场。他坚信自己会在这个领域打拼出一片属于自己的天地。

于是，他从当地的电脑零售商那里以低价买来了一些积压过时的IBM的PC电脑，由他自己进行改装升级后转手又卖出去，很快便销售一空，他靠电脑赚得了他的第一笔收入。

初涉商海的成功，不但让戴尔拥有了一笔数目可观的积蓄，更让他获得了极大的信心。大学第一学年结束以后，他打算退学，专心创业。毫无疑问，他的这个想法遭到了父母的坚决反对，为了打破僵局，戴尔提出了一个折中的方案：如果那个夏天，自己电脑生意的销售额不令人满意的话，他就继续读他的医学。他的父母接受了他的这个建议，因为他们认为戴尔根本就无法取得这场争斗的胜利。但他们错了，戴尔的表现让他的父母根本没有机会再讨论这个问题，因为仅在第一个月，他就卖出了价值18万美元的改装PC电脑。从此，他再也没有回过学校。

创业的哲理

一位创业者的成功，当然取决于很多因素。但在迈出第一步时，最重要的是自信，要相信自己的选择是正确的，相信自己能成功，这是创业的原动力，也是支撑你一直走下去的强大力量。建立在理性分析基础上的自信，是人生和事业成功的基础，也是创业成功的基础。当你坚定不移地对自己说“Yes”时，创业之门才会为你开启。

为什么“自信”对创业者这样重要呢？印度第一位“技术企业家”沙比尔·巴迪亚说过的一句话正好可以回答这个问题：“创业是一座独木桥，这是一个艰难的选择。你经常独自一人，只有思想的力量与你在一起。这就是为什么自信最重要。”

03 有志者，事竟成

“斯威尔大厦”的梦想

创业故事

1971年，斯威尔对三藩市65大街45大道上的一座高达16层的大楼威荷特产生了浓厚的兴趣。在这之前，斯威尔就梦想着建立这样一座大厦，它设计新颖、材料高档、位置一流，并以“斯威尔”命名。

1976年，为了实现自己的梦想，斯威尔给威荷特的负责人图雷斯打了电话，并且见了面。但是，在那时，威荷特的生意还比较好，业绩蒸蒸日上，因此，图雷斯丝毫没有卖地的打算，所以拒绝了他。斯威尔一点都不气馁，他是一个不到最后时刻决不放弃的人。于是，他开始不断地给图雷斯写信，从不间断，而图雷斯始终没有给他回信。年复一年，3年后，斯威尔写的信终于感动了图雷斯。

斯威尔最终如愿以偿地做成了这笔生意，获得了这块房地产。接下来，斯威尔建立“斯威尔大厦”的梦想也变成了美好的现实。

但斯威尔大厦的建立一开始也不是风平浪静的，斯威尔要面临着种种阻力。首先，公众对此持怀疑态度，这是个极为棘手也最重要的问题，必须要建造出符合公众口味的大楼。因为房子是为了给公众居住的，而不是给某个人专门设计的，要从经济角度考虑，孤芳自赏是没有用的。其次，经过仔细周密的市场调查，斯威尔发现那些拥有美丽妻子和名贵藏画的富豪根本就不在乎买房要花多少钱，他们要的是最佳公寓。

斯威尔的大厦正好迎合了这些人的需要，为此，斯威尔斥资340万美元建了一条沿西墙而下的瀑布，又动用200万美元建了青铜自动楼梯，就连大理石也是选用最好的材料。他还建立了新颖别致的门廊，门廊是斯威尔大厦最令人陶醉的地方之一，它不仅吸引了无数零售商人争相租用，而且对那些富豪们的购物欲进行极大的刺激。

但是，纽约市政府不批准他享有免税权，而这对他是不公平的，因为任何开发商都应享有免去15年房地产税的权利。为此，他从不间断地向法院提出上诉，要求享受应有的待遇。在此期间，斯威尔大厦终于建成了，它呈“工”字形设计，整座大楼有32个不同的侧面，视觉效果相当好。

斯威尔善于把宣传和种种时机结合起来，这使它对外成了一幢神秘的大楼，因此它的售价也是格外的惊人。斯威尔采取步步为营的营销策略，前前后后涨价多达15次。但是销售的情况却令人刮目相看，到1982年，除了专门留下几套房间作为备用之外，斯威尔大厦里的280多套公寓全部售空，仅公寓间的收入就达到了0.5亿美元。

凭借这次成功，他买下了全世界最有名气的饭店公司——大娱乐城饭店，取得了更大的成功。

创业的哲理

摩天大楼才是赚钱的机器——斯威尔要做就做大生意的信条在此得到完美而充分的展现。斯威尔之所以能够成功，是非凡勇气和自信的结合，在困难面前从不低头，永不言败。在某种程度上，迎接挑战，克服困难就是在创造机遇，同时也是善待机遇的最佳方式。“有志者，事竟成”。只要你有勇气和恒心去搬掉前进道路上拦路石，成功就会向你招手。

04 激情是创业的永动机

"小天鹅"的成功之道

创业故事

1982年，廖长光、何永智夫妇开办"小天鹅"火锅店，当时店面只有3张桌，度过三个月的亏损，他们实现了第一次的赢利——一天赚了70元。

从1983年开始，小天鹅火锅店不断盘过左右门面，扩大经营面积，到1988年，小天鹅用了6年的时间赚了10万元，这在当时也算是一笔不小的资金。

这6年是小天鹅最艰难的创业阶段和资本原始积累阶段。在一项事业的创建中，创业者不能有小富即安、知足常乐的思想，而要有"野心"，要不断进取，向着更远更大的目标永不满足地前进。廖长光、何永智夫妇深深知道这个道理，所以小天鹅开始向更高的目标迈进。

1988年，小天鹅在重庆江北开办火锅大酒店，进行异国情调的装修，设计了风格各异的火锅包房。率先将火锅从街边大排档迁进大雅之堂，进行了一次真正意义上的"火锅革命"。经过这次革命，小天鹅仅用一年的时间就赚进100万元。

小天鹅经过原始积累后的第一年获得的巨大成功，得益于夫妇俩不安于现状的经营理念。试想一下，如果小天鹅仍然在那条火锅街上徘徊，无论经营得多好，它依然会是街边大排档，目标消费群相对固定，利润空间就有很大的局限性，它绝不可能在一年内赚到100万元。高档火锅店的开办为小天鹅打开了更高利润的大门，而这源于其经营者超常的胆识和魄力。看到市场这么好，廖长光、何永智夫妇马不停蹄，又开始了新的创业扩张。

1990年，小天鹅创办成都分店，选址城郊，营业面积2 000多平方米，开业之初即火爆蓉城。大厅舞台上的歌舞表演、店前宽敞的停车场成为吸引成都商务客人的主要亮点。1993年年底，全国各地小天鹅分店发展到12家，年营业额突破5 000万元，重庆小天鹅饮食文化公司正式成立。

1994年开始，小天鹅采取一种新的合作经营模式：在各地开办连锁店；到1998年年底，连锁店达到50家，集团员工近5 000人，资产总额达到1.6亿元。这种模式使创始人何永智被称为“中国特许经营第一人”。

到了1995年，小天鹅又开始进军宾馆业，一方面努力提升自己品牌的含金量，另一方面走多元化经营的路线，扩大自己的营业收入。1996年9月，四川首家私营星级宾馆重庆小天鹅宾馆开业，并高薪聘请著名国际酒店管理集团的职业经理人进行管理，开业第一年就获得了可观利润。

创业的哲理

小天鹅火锅之所以发展得如此迅速，主要是得益于创始人不安于现状的管理理念。这就提醒每位创业者，在创业的过程中，当你积累了一定的资金和经验之后，就要努力抓住市场时机，尽量快地发展自己的事业，否则，机会转瞬即逝。

作为一个创业者，要想时时刻刻保持着创业激情，就要远离安于现状的心态，要学会让自己“归零”。

如何“归零”呢？每实现一个目标、达到一个高点，都要不断进取，把达到的高点作为一个新的起点。创业者既要肯定自己过去的成绩，更要为了实现明天更高的目标而努力，让自己的事业始终走在不断发展、前进的道路上。

05 创业就是做点燃激情的事

激情铸造的艺术工厂

创业故事

当Sam Coronado还是一个艺术系的学生时，他的一位朋友给他提出了这样的建议："你最好找到一份其他的工作，否则你马上就要被饿死了。"因为怕被朋友言中，Coronado参加了绘图课程的学习，并用所学到的技能维持正常的生活，并在晚上的空闲时间里进行艺术创作。

Coronado的艺术生涯开始于1969年，当时Texas Instruments聘请他担任技术讲解员。也就从那时起，他自己的工作室逐渐引起了丝网艺术和拉丁美洲艺术领域的广泛关注，而且他的艺术作品也经常被送往美国、墨西哥、欧洲和非洲等地进行展出。

在1992年，对Self-Help Graphics艺术中心进行参观之后，Coronado对丝网印刷技术产生了兴趣。他说："正是这次参观点燃了我对目前所从事的事业的热情。我将这种艺术形式带到了得克萨斯州，并在我的绘画工作室里成立了工厂，现在，它已经成了一个版画复制工作室。"

绘画一直都是Coronado的最爱，但他认为丝网印刷更适合他来做——很多来他的工作室参观的艺术家也同意这种说法。他说："令人惊讶的是，我们能生产出几乎与绘画作品一模一样的印刷品。我们已经帮助很多艺术家来复制自己的作品。他们有时候都不敢相信能够印刷出与原稿如此接近的页面。其实，这完全取决于艺术家本身和他们的艺术风格。如果他们懂得如何分色，就能对作品的生产方式进行全面控制。”

他的工作室成为传递拉丁美洲艺术家心声的平台，虽然有限的资金不能让这个工作室购买Coronado所喜欢的设备，但是他贡献出了自己的电脑，并且保证在这里工作的所有人都能使用它们。这些电脑能帮助艺术家们将自己的数字作品转变为精美的丝网印刷品。这份工作能让艺术家将纸张的表面特性与艺术作品完美地结合起来，这让Coronado充满激情。

Coronado工作室为艺术家提供的Serie Project服务是不收取任何费用的，而且它还能为艺术家们提供了一个供他们在夜晚进行工作和休息的场所。Coronado表示，有些艺术家整个晚上都留在工作室里，因为他们毕竟只有一个星期的时间来完成自己的工作。销售和捐赠收入占到了Coronado工作室和Serie Project活动经费的25%，当地和国家拨款填补了另外75%的空缺。这就是所谓的艺术生活，但最令Coronado骄傲的是他能为公众带来精美的艺术复制品，而且能与不同等级的艺术家进行合作。对艺术的巨大热爱产生的激情，成就了他独特的事业。

创业的哲理

很多在我们看来不可思议的事业之所以能够成功，都源于心中的某种信念。或者热爱或者坚信，总之都是充满激情的。本身就是艺术家的Coronado，数十年来对艺术的无比热爱和不懈追求终于成就了他的梦想。他已经为两百多位艺术家复制过精美的作品。正是这份对他有巨大吸引力的工作不断点燃他的激情，推动着他建立起了自己的艺术工厂。

我们常说“事在人为”，人的能力就如一座冰山，已经发挥出来的部分是浮在水面上的那部分，还没有发挥出来的部分是隐藏在水下面的部分。假如你能以一种积极的心态去面对创业，相信你的激情创业必定会充满快乐和力量，你的创业梦想也会因激情而更灿烂。最重要的是，激情的充分发挥和调动，会刺激冰山下面那部分巨大潜能的释放。

06 失败是创业成功之母

汽车大王福特的三次创业史

创业故事

亨利·福特是众所周知的汽车大王，他小时候家境贫寒，但学习很认真。他在很小的时候，就对机械类的装置表现出了极大的兴趣，常常将各种各样的机械制品拆得七零八落。他7岁时，对火车头表示出强烈的好奇，经过反复摸索，终于制造了一台小蒸汽引擎，成了公认的天才少年。他16岁时，开始了自己的学徒工生涯，并开始研究内燃机，经过不懈的努力，终于在1896年试制成功第一辆汽车。

1899年，亨利·福特第一次创业，组建了底特律汽车公司，他担任公司的机械主管和总工程师。然而，这一次的创业失败了，因为亨利·福特没有认识到任何一种产品的开发研制过程与其生产制造过程是截然不同的，他的设计思路并没有适应市场的需要，从而导致生产中追求高档、豪华、高速，使得汽车的成本居高不下，公司在第二年倒闭了。

但亨利·福特已经拥有了全国性的声誉，1901年，一些企业家集资与他建立了一家新的汽车公司——福特汽车公司。第二次创业的亨利·福特将时间和精力都投入到了制造大马力的赛车上，汽车的销路受到制约，导致了他的第二次失败。

1903年6月，亨利·福特开始了他的第三次创业，又一次建立了新的福特汽车公司。此时的他已经从前几次的失败中积累了经验，对于如何经营汽车制造企业，已经形成了自己的思路。从此，福特公司开始了其不断发展创新的过程。1909年，福特汽车公司推出的T型车大获成功，甚至成为美国生活方式的一种象征。T型车的巨大成功使福特汽车公司成为世界汽车生产的龙头企业和汽车大王，其销量占当时世界汽车总产量的一半以上。

亨利·福特是一位锐意创新者，是他首先看到了汽车的巨大市场潜力，是他首先将汽车由贵族富豪的娱乐品变成了一般公众的日常交通工具；更重要的是，他首创“福特生产方式”，即首先将生产流水线引入了汽车的规模生产，首先将“泰罗制”的先进管理思想在汽车实践中运用并发展成为著名的“福特制”，在工业发展史上写下了光辉的篇章。

亨利·福特充分肯定劳工价值，深深认识到关心员工的重要性。他曾说过：“工作应该是人生最大的享受，而不会令人憎恨。对献身于事业的人，应由事业上得到最大的报酬。”

1947年，亨利·福特去世，但他成为美国历史上不可磨灭的、对美国社会影响最大的企业家之一。

创业的哲理

作为享誉世界的汽车大王，亨利·福特的创业经历并不一帆风顺，他经历了两次失败，从每一次的失败中总结经验教训，才能使他的第三次创业有了正确的方向，从而一举成功。可见，创业过程中的失败并不是最终的失败，只要不丧失信心，能够坚持下去，成功就在向你招手。

07 在创业的道路上，没有退路

挺立不倒的创业家史玉柱

创业故事

如果说许三多演绎了荧屏上的“不抛弃不放弃”，那么史玉柱则是用自己十八年的从商坎坷路，演绎了真实版的“不抛弃不放弃”。他后来所拥有的成功绝不是来自偶然：行业选择上他精挑细选，对待竞争他守法，管理上他历尽坎坷摸索真谛，战术上他师从伟人，投资领域亦不落人后。

但是曾经，史玉柱的巨人集团由辉煌走向解体的过程，一直在街头巷尾被谈论，成为中国商业史上为数不多的关于失败的经典案例之一。1989年，史玉柱以4 000元借债起家，短短5年，就位居福布斯“大陆富豪排行榜”第8位。但在1997年年初，一个震撼人心的消息把舆论搅得沸沸扬扬：巨人集团彻底瘫痪，巨人大厦被迫停工，欠债高达数亿元……顷刻间财富灰飞烟灭，沦落为负债2.5亿元的“中国首穷”，这位昔日“十大改革风云人物”、时年35岁的巨人集团董事长史玉柱，从公众视野中彻底消失了整整3年。

尽管史玉柱当时输得彻彻底底，但他的故事并没有就此结束。倒下的巨人不会放弃拼搏，有着一股永不放弃精神的史玉柱，随后的经历更加具有传奇色彩。几年之后，他奇迹般地咸鱼翻身卷土重来，给中国商界乃至世界商界留下了一个意味深长的感叹号：他不仅还清了负债，还重新跻身于亿万富翁之列，胜过当年的鼎盛时期。

从一穷二白的创业青年，到全国排名第8位的亿万富豪，再到负债两个多亿的“全国最穷的人”，再到身家500亿元的资本家……史玉柱演绎的这个“不抛弃不放弃”的故事，让许多人跌破了眼镜，也让许多人点燃了梦想。

创业的哲理

在大起大落的创业生涯中，史玉柱之所以能笑到最后，是因为他始终坚持“不抛弃不放弃”理念，在一败涂地时依然自信坚强，才有了东山再起的可能。

对创业者来说，成功也许很远，远到你无法再多一点希望；成功也许很近，近到你只需再坚持一步。创业是一个系统的、复杂的体系，从创业之前、创业之初到企业规模不断发展，都需要创业者凭借智慧和勇气，不断寻找出每个阶段的关键点并迅速突破。这个过程，离不开“不抛弃不放弃”的精神。

08 不经风雨怎见彩虹

贫穷打工仔的创业奋斗路

创业故事

郑某某，四川省仪陇县人，一个从贫穷农村走出来的打工仔，凭借敢于冒险的精神和不撞南墙不回头的倔劲，经过十多年的奋斗，现在成为四川省某知名企业集团的董事长。1985年3月，26岁的郑某某揣着从亲朋好友那借到的70元钱登上了去乌鲁木齐的火车，开始了他颇具传奇色彩的创业历程。在走出乌鲁木齐火车站的大门时，他的全部家当只剩下1.20元钱和一条在部队用过的旧被子。在老乡的介绍下，懂建筑知识的郑某某当上了建筑工地的班长，一天的报酬是5元，一年下来，挣了近2 000元。在20世纪80年代的中国，这笔钱足以让一个26岁的小伙子飘飘然了。

但是郑某某天生不是满足现状的人，而且每逢想到家乡贫困至极的父老乡亲们，他就觉得自己没有资格独享富贵。1986年4月，他又从老家带来了40多个农民工，从别人手中转来一个小工程。但悲惨的是，在交工后老板跑了，一分钱都没有领到，而且他还把自己以前挣的2 000多元钱都分给了大家。年底的时候，他没有钱回家。有一位朋友给了他5元钱，一天只吃两个馒头的日子持续了近半个月。

那样的生活不仅没有压倒郑某某，而且还使他愈加渴望日后的成功，他当时暗暗发誓一定要混出个人样，一定要带领大家走出贫困。

1987年春，郑某某迎来了事业的“春天”，他和新疆某制胶厂签订了13万元的厂房维修合同。当年8月，郑某某按时、按质完成了全部工程，并受到对方的称赞。后来，在朋友的介绍下，他又接了几个小工程。年底清盘的时候，他惊喜地发现：除去各种债务，自己竟然有了5万元的存款。这也让他坚定了搞小工程的决心。到1989年，他完全在乌鲁木齐站稳了脚跟，个人资产也超过了70万元。

此时的郑某某尝到了创业的甜头，在朋友的建议下，他决定进入流通领域和生产领域。1989年下半年，他花20万元在乌鲁木齐市中区租了一间大型地下室，装修成商场后转租给他人，每年可以净赚5万元，同时他还在乌鲁木齐郊区开了两家煤矿。刚开始的2年，煤矿和商场为郑某某带来了滚滚财源。但是，摊子铺得大，带给郑某某的是管理和决策上的大难题，随着时间的推移，经验不足、决策失误等问题接踵而来。1994年，两家煤矿相继倒闭；1995年初，商场也关闭。

仿佛就在一夜之间，郑某某从一个百万富翁变成了一个不但身无分文、还倒欠他人几十万债务的穷光蛋。

不过，被困难击倒并不是他的本性。1995年夏，经过仔细考察，他用借来的100多万元创办了某某实业贸易公司，第一个项目就是服装商场。这一次他学乖了，把商场租下来自己经营；100多个员工中85%都是大专以上学历；同时实行严格的考核和激励制度。现代企业制度的建立，让他的服装商场蒸蒸日上，利润滚滚而来。

1998年，他又决定将赚来的钱投入“生钱运动”：投资2亿元建起了3万多平方米的“东方100商厦”。1999年，东方大厦的营业额达1.7亿，2000年达2.1亿。随后，郑某某的事业步入了快速发展通道：酒店、农业、电讯、生产加工，2001年又进入了房地产行业。目前他已拥有20亿的资产，负债率仅为8%……

在2003年底的“四川省十大杰出创业之星、第五届创业之星表彰大会”上，他当选为2003四川省“十大创业之星”。2004年初，他被选为乌鲁木齐政协常委。

创业的哲理

从郑的失败和成功的经历中，我们不难看出，畏惧困难、不敢拼搏的人是难以获得创业成功的。财富的积累，不仅靠的是精明的头脑、敏锐的眼光、科学的管理，而且更需要一股不畏风险的勇气。

每个创业者都要牢记：不经历风雨怎么见彩虹，没有人能随随便便成功。每个人创业之初都会经历挫折和失败，无论前面的路多么坎坷，都要坚强地走下去。只有从中吸取教训、总结经验、继续勇敢向前，才有成功的希望。

09 百折不挠才能登上创业顶峰

三起三落的创业者

创业故事

卡尔的目标是把自己的商店经营成世界上最大的百货公司之一。从最初创建的小商店到现在的美国卡尔公司，卡尔始终都在一步一步地朝着自己的目标迈进。

1990年，19岁的卡尔带着自己多年积攒的500美元，来到波士顿谋生。一年以后，他遇到了一个叫荷顿的贩布小商人，两人合伙开了一个布店，这是卡尔第一次涉足商业。然而，卡尔与荷顿妹妹的婚姻使得他与荷顿分道扬镳了。卡尔另找了一间小房子，和妻子一起开了个小店，经营针线、钮扣等小商品。

最初卡尔以为小百货家家都要用，生意肯定会兴隆，可实际上针线等东西消耗量太小，一包针线卖出去后可以用上几年，要想赚钱很难。没多久，卡尔便把小店关了。

从失败中吸取了经验的卡尔决定经营热门货，不久他就开办了自己的布店。卡尔以为自己有经营布店的经验，能够轻车熟路，获得长足发展。可是，一经营起来，卡尔才发现情况并不像想象得那么好。布匹、服装虽是热门货，可顾客们却习惯同老布店打交道，并不信任卡尔这个外乡人，卡尔的店面显得冷冷清清。要吸引顾客就必须增加品种货色，通过做广告来扩大影响，可这些都需要大笔的钱。

正在这时，美国西部迅速发展，很多商人都到西部发展事业。卡尔也动心了，他把存货盘给了荷顿，带着妻子踏上了西去的旅程。

卡尔来到旧金山，看到了为争夺财富而拥挤的人群，便打定主意发挥自己所长，开一个小店，走百货经营的道路。他坚持经营热门货，并且走薄利多销之路。由于卡尔的商品价格便宜，很快便在当地享有了声誉，光顾的人也越来越多，卡尔也很快积累了一大笔资金。

一年之后，卡尔感到自己要想在商业上有所发展，还是应该回到东部去，只有在那些商业中心，才能开办一流的商店。他把旧金山的商店转让出去，带着一大笔钱和自己的经营之道，和妻子一起回到了马萨诸塞州。他们在哈佛山一带定居下来，开始尝试着用新的经营方法经商。卡尔在哈佛山开了一家布店，虽然店面很小，还是很快显示了他的不凡。他采取了一系列令人耳目一新的办法经营小店，在他的小店中人们可以享受免费擦皮鞋以及保管大衣等服务，这些周到的服务很快赢得了顾客的青睐。

由于有了资金，卡尔可以通过增加商品种类来吸引顾客，因此，他在卖布的同时，还卖其他一些日用百货。此外，卡尔还在广告上大做文章，利用不同的报纸，登出了内容、形式都很新颖的广告，令人们赏心悦目。卡尔的一系列措施，的确吸引了不少顾客。然而，哈佛山的地方太小，店面也不大，他的那种大家风范吸引来的顾客人数毕竟有限。很快，他便感到入不敷出了。

这时候，荷顿来找卡尔，希望和他再次联手经商，在波士顿开一家商店。荷顿认为，美国的经济正在起飞，只要有才能和魄力，就一定能使事业飞黄腾达。荷顿要卡尔和他一起到波士顿去共同创业，卡尔也深深地被荷顿的设想所打动，但他有更远大的设想，他要到纽约办一个全美国最大最好的商店。

卡尔终于在纽约14号街开了一个店面，开始用自己的经营之道，得心应手地经营。卡尔非常重视研究市场情况，不断推出新的服务措施，提高服务质量。在卡尔的公司，对店员的服务态度要求非常严格，店员不允许和顾客发生争执。卡尔还经常对每个店员进行不同形式的考验，有时他还请人到店里故意给店员出难题，以提高店员的服务水平。遇到了不合格的店员，卡尔便会毫不客气地将其解雇。由于经营有方，10年之后，卡尔公司便发展到了占纽约14号街半条街的规模。然而卡尔并没有停下自己的脚步，直到今天，卡尔依然在为自己的目标——成为世界上最大的百货公司之一而努力奋斗。

创业的哲理

卡尔可以算得上是一个经商天才，他凭着自己灵活的头脑、得法的经营、百折不挠的精神，战胜了一次又一次生意萧条的困境，最后终于走向了成功。

在无数创业者中，成功者必定是少数的，而创业一两次就成功的就更是少之又少。如果在失败面前倒下了，那成功的希望就不可能再有。只有不怕困难，“在哪里跌倒，在哪里爬起来”，才能勇敢地向着成功的方向迈进。

10 市场不相信眼泪，只相信毅力

坚强的商业女杰们

创业故事

江苏某汽车维修公司总经理李女士，在1992年夏天偶然听到南京市外经委一位工作人员说，有位美籍华人想在宁投资，但不知做什么项目好。说者无心，听者有意，李女士当晚就找有关专家了解有市场前景的投资项目的情况，并以最快速度草拟了项目计划书。第二天她胸有成竹地敲开外商所住的金陵饭店的房门，滔滔不绝地向其介绍市场行情，终于打消了外商的疑虑，满心欢喜地把资金交给了她。

当初身无分文，而如今已是年创利税三四百万元的中型公司老总，李女士回忆起自己的创业经历时，感慨地说："捕捉商机的眼光比资本要重要得多。"

南京某塑料制品厂厂长谢女士，在1990年初从朋友处得知河海大学研制成功了一种可用于重点工程的塑料排水板，便主动登门寻求合作。当对方得知该厂是一个福利工厂，88名工人中有50多人是残疾人时，就一口回绝了她。但谢女士并不灰心，她前后上门10多次，对方感动之余终于同意让他们厂试制。由于先期设备投资需要20多万元，加之不少残疾工人担心对方会变卦，便纷纷劝她三思而后行。为争取该项目已受了一肚子委屈的谢女士一听急了："我们残疾人自己都不相信自己，还能指望谁相信我们？”一席话说得大伙儿都惭愧地低下了头。

经过无数次试验，当谢女士在最短的时间内拿出样品后，河海大学有关领导惊讶之余终于决定与他们合作。如今该产品已成功地打进许多省市，还远销东南亚和非洲等国家，年产值2 000多万元。

相比而言，南京某食品公司总经理沈女士的创业经历显得更为坎坷。1992年，她在南京热河南路开办了一家酒店，由于风味独特，一时食客盈门，但一场大火顷刻间将她两年多的心血付之一炬，还欠下数十万元的银行贷款。沈女士没有一蹶不振，她很快从打击中站了起来，经多方筹措资金又办起了食品厂。

一年后，当产品终于在南京市场上有所起色时，产品秘方又被工厂两名职工偷走，一时间假冒该品牌的食品泛滥，导致他们厂20多万元食品积压。又一次的打击使沈女士欲哭无泪，痛定思痛的她一方面通过法律渠道讨回公道，一方面拖着虚弱的身体挨家挨户跑市场。辛苦没有白费，如今该厂的食品已成功打进南京数家大超市，并远销东北等地。

沈女士深有感触地说：“市场不相信眼泪，重要的是要有毅力。”

创业的哲理

不少人想当老板而又没有去当老板，他们常常挂在嘴边的三个理由是：缺乏资金，没有路子，从未干过。三位被评为“巾帼创业明星”的女老板在介绍自己的创业经验时，一致认为：眼光、信心、毅力是比资金、路子、经历更重要的创业资本。

11 只有偏执狂才能成功

创业艰难百战多

创业故事

1986年，段晓雷离开宏基，独自一个人开着他那辆二手的厢型车上路，开始了未知的美国之旅。

刚开始的一两个礼拜，段晓雷每到一个小城镇，第一件事就是到加油站，问当地人附近哪里有中国餐馆，然后去餐馆找老板闲聊，了解当地华人社群的概况。

他想，有做生意的就一定需要进货，进货就一定有发货仓库。问到了这些资讯后，他就到发货仓库去批了一些货，装在他的二手厢型车后座带回。他卖的东西从装饰灯、婴儿学步机到手推车，什么都有。平时，他到警察局去登记，一整天只要付10美元，就可在街角摆个地摊做生意。星期三和星期六，他移师到跳蚤市场去摆摊，一件6元批来的商品，可以卖到15元，利润相当不错。

幸运的是，段晓雷身处硅谷这样一个创业之城，没有人会嘲笑失败，也不会因此就不再给创业者尝试的机会。白手起家的想法，一直在段晓雷心中萦绕，他回忆过去几次创业的经验。

第一次创业，可以说是为创业而创业，没有营运计划书，完全是土法炼钢式的，几个朋友掏点钱，做点小小的买卖。

第二次创业，微软的视窗系统刚推出来，速度还很慢，于是他想到要做视窗加速器。结果，硬件做出来了，软件却没能跟上，功亏一篑。

第三次创业，他去重整Tiara公司。这个公司有两个产品，一是点对点的区域网络软件，一是网路卡。但就在公司重整完成的那天，段晓雷还记得很清楚，微软突然宣布将网络功能内建在新版视窗中；而台湾也同时推出了单晶片网络卡，使得成本大减，市价从原来一片叫价70～80美元，一下子掉到20美元。一夕之间，公司的两个主力产品市场消失，于是只好黯然收场。

Tiara后来并购了Internex，转型成为上线服务业者（ISP）。

1996年初，段晓雷创立了Above Net，创业之初资金并不宽裕。他选好办公地点，但并没有那么多钱付房租。于是他直接找上房东，告诉他，他带来了两个消息，一个是好消息，一个是坏消息。好消息是，他要向房东租房子，而且一租就是30年；坏消息是，他并没有钱付房租。段晓雷说服房东让他用股票换房租，解决现金流量不足的问题。

Above Net于1998年10月在纳斯达克挂牌上市，到1999年11月中股价为37美元，市值达57.8亿美元。

创业的哲理

创业者总有一种令人难以言喻的固执，甚至是偏执，失败了爬起来，继续走，一直到成功，还要敢做没人做过的事。四次创业经历，段晓雷一步一步走得辛苦孤寂，但他一步步融入了美国主流社会，适应了自己与当地人的差异。一个异域中的创业者，要真正消除文化背景、意识形态方面的差异是相当困难的，但要想创业成功，就要扎根到当地的土壤中。总是以异乡人的思想和当地人相处，只能使自己显得格格不入，更不用说创业成功了。

12 无畏无惧，才能无往不胜

从恐惧中站起来的巨人

创业故事

王嘉廉，北美华人首富，“全美最富有的亚洲移民”，国际联合电脑公司的创办人、董事长。当年，他凭着自身努力，赤手空拳闯出了电脑软件业的广阔天地。

1944年，王嘉廉出生于上海，1952年全家移民到美国。刚到美国时，家中生活困难，有时没有钱买校餐，还要受到其他族裔人的歧视。大学毕业时，他读到一则哥伦比亚大学招聘计算机程序员的消息，为了找一个糊口的工作，他虽然从未用过电脑，仍大胆应聘，而且居然被录取了。

王嘉廉在编了两次程序之后，决心以此为终身事业。他当过软件推销员，后受雇于一家电脑公司。1971年，王嘉廉和他工作的公司被另一家更大的电脑公司起诉侵权，他愤而抗争。在当律师的哥哥帮助下，虽然花了不少钱，但赢了官司。1974年，一家叫联合电脑的瑞士小软件公司请王嘉廉担任其美国总经销，王嘉廉推销有术，短短几年内便建立了自己的销售网。

1976年，王嘉廉干脆将联合电脑公司接手过来，自办企业，开始了艰难的创业之路。最初建立时，他们只有3个人，工作间是家里的车库。后来，国际联合电脑公司年经营收入达25亿美元，在全球

43个国家雇用1.3万多人，是在信息产业界排名前列的跨国公司。

1999年，美国国际联合电脑公司成为美国第二大软件公司，其软件销售额达到5.6亿美元，销量仅次于IBM公司。作为国际联合电脑公司的首席执行官兼总裁，王嘉廉成了美国新经济中举足轻重的人物，他被人们称为软件业的“铁汉”。

创业的哲理

王嘉廉对其事业成功的认识是：“恐惧心理使我不断顽强地坚持下去，一种连饭都吃不下的不安全感促使我一天天、一年年地干下来，并且尽力而为。”

创业者有强大的创业动力，才能够保证他在遇到困难时永不退缩。想想，从未用过电脑的人居然能被聘用做程序员，那是一种什么精神在支持着他？也许正是那种大无畏的精神，才能取得别人的信任，也才能够在成功的路上不断前进。

13 不忘初心，方得始终

为梦想而生的餐饮大亨

创业故事

李·邓纳姆是一个身材高大的黑人，成为一个餐饮业大亨是他童年时就有的梦想。1971年，李·邓纳姆决定放弃稳定的警官职业，而将自己的积蓄投入到餐饮事业上，他决定一步一步地实现童年时的梦想。

最初，李·邓纳姆想在布鲁克林开一家高级餐馆，他手里拿着商业计划，开始筹集启动资金，但是银行家们拒绝给他贷款。由于没有足够的资金开办一家独立的餐馆，李开始转向申请授权经营专卖店，他向许多大的餐饮公司发出了申请表格。麦当劳快餐店决定给他一个授权，同时附加了一个条件：必须在老城区内开店，并且是当地的第一家麦当劳快餐店。麦当劳其实是想验证他们这种快餐店是否在老城区也能取得很好的收益，而李看上去好像是开这样一家快餐店的最佳人选。

为了得到授权，李不得不投入自己的全部积蓄，同时他还要借10.5万美元。李在慎重考虑之后，做出了最后的决定，他相信自己多年来的准备工作，包括梦想、计划、学习和积蓄都不会付之东流。最后，他在协议书上签了字，开办了在美国老城区的第一家麦当劳快餐店。

开始的几个月对李来说，简直就是个灾难。流氓斗殴、枪战和其他的暴力事件频频在他的店里发生，雇员们偷食物和现金，而且他无法从麦当劳总部得到任何的帮助，因为麦当劳总部的代表非常害怕到贫民窟来协调工作。虽然他的商品、利润甚至他的快餐店都曾被人夺去过，但李的梦想却没有人能夺走，他始终坚信自己一定能够成功。

在不得已之际，李·邓纳姆想出了一个不是办法的办法。首先，他向邻近的恶棍们发出了强硬的公告，雇用那些小流氓，让他们去工作。同时还加强了管理，对出纳员进行突击检查来避免偷窃。他还改善了工作环境，每周一次向雇员们讲授为顾客服务和管理方面的知识，鼓励他们发展个人的职业目标。他总是强调两件事：他的餐馆为他们提供了一个摆脱醉生梦死生活的机会，并且雇员对顾客的服务水平越好、效率越高，赚钱的机会也就越多。

20世纪80年代，快餐店的情况渐渐好转。到了1986年的时候，李·邓纳姆的快餐店成了麦当劳生意最好的快餐店之一。1990年，这家快餐店又上了麦当劳总部的光荣榜。

1997年，在李·邓纳姆的赞助下，社区成立了运动队并设立了奖学金，使在街道上流浪的孩子们走进了社区中心和学校。这一切使纽约老城区的快餐店成了麦当劳在世界范围内利润最高的连锁店，每年利润高达150万美元。

2000年，李·邓纳姆拥有九家快餐店，雇员达到435人，每天卖掉数百万份快餐。

创业的哲理

一切皆有可能，因为有梦想和计划。李·邓纳姆改变了自己的一生，为成千上万想实现自己梦想的人们指明了一条务实的道路。

梦想与现实始终隔着一段距离，如果只有梦想，而没有实现梦想的计划和过程，那梦想只能是空想。一个成功的创业者，正是因为执着于自己最初的梦想，并毫不动摇地去为实现梦想而努力奋斗。

14 不放弃梦想，梦想就不放弃你

执着梦想的图书公司创始人

创业故事

罗伯特·德·格拉夫曾经在出版业从业17年，他的出版生涯开始于1922年，那时他在其表兄纳尔逊·道布尔迪的公司任推销员。做了3年销售之后，他被任命为道布尔迪的一家子公司——花园城出版公司的董事长，该公司主要出售廉价的布面精装重版书。在11年的任职期间，德·格拉夫创立了该公司最成功的非小说重版书系列。

在这期间，德·格拉夫经过调查，得出结论：只要重版书的价格下降，并且将其销售渠道扩大到超出普通书店的范围，重版书的市场就能扩大。所以，他产生了出版25美分的平装本书籍的想法。但他的想法并没有得到支持。于是在1936年，德·格拉夫辞去了在花园城出版公司的职务，想要创办自己的重版书书屋。

但蓝缎带书籍公司说服他接受了总经理职务，该书屋出版好几种系列的布面精装再版书。德·格拉夫又试图说服蓝缎带书籍公司接受他的计划，但又以失败告终了。于是，他再次决定自己创办公司。

1938年2月，他从蓝缎带公司辞职，花了一年的时间学习了有关经营平装本图书企业会遇到的生产和市场营销方面的问题。他要生产出一种既可以卖25美分，又能留给出版商一定利润的质量良好的平装本图书，并且不仅是在书店出售，而且在药房、报亭等原来并不出售图书的零售渠道进行销售。

德·格拉夫进行了深入的调查，他的发现是让人欣喜的。印刷技术的发展，以及获得更加廉价纸张的可能性，使大规模平装本图书的单位成本控制在7～10美分成为可能。即使在支付1～1.5美分的版税给原来的精装本出版商之后，也将能以16美分的低价出售给批发商，并仍然能获得可观的利润。这反过来将为批发商和零售商留下足够的赚头，使他们经营这些书籍时也能有利可图。

1938年夏季，德·格拉夫通过以有限数量试销一本《大地》，并向5万名读者邮寄问卷的方法调查了消费者对其平装本图书的需求量。通过调查不仅使他确信人们需要廉价的平装本书籍，而且让他下定了决心做袖珍型版本丛书。

1939年，在出版业人士普遍不看好的情况下，德·格拉夫创办了袖珍本图书有限公司。在两个月内，其他城市的电报订单如潮涌来，迫使袖珍本图书公司开始在全国销售。最初，公司依靠由78名书店代表组成的实地工作人员销售其平装本图书，但是公司很快认识到，通过杂志批发商能更加有效地实现广泛的销售。到1945年时，袖珍本图书公司将其实地工作人员减为15名监督人员，他们负责监督向美国和加拿大75 000家书店销售平装本图书。通过发展广泛的销售网络，袖珍本图书公司达到了书籍业前所未有的市场饱和。当公司庆祝其创建10周年时，它每年销售的平装本图书达1.8亿册，使该公司在一个业已巨大而竞争激烈的市场中占有无可争议的领导地位。

创业的哲理

众人的反对，尤其是所谓的权威人士的反对，往往是创业者必须要面对的难题。在面临这些难题时，是退缩还是坚持就成了创业成功与否的分水岭。德·格拉夫凭借自己在出版业多年的经验及对市场的准确调查，认为平装本图书会受欢迎，于是他不顾出版界的意见，创建了自己的平装本图书公司。在创业的道路上，有反对的声音是很正常的，如果一有不同的声音便产生动摇，是不可能取得成就的。成功的创业者都有自己坚持的目标，他们不人云亦云，也不会轻易地放弃理想。

创业导航：创业，你准备好了吗

下海创业之前应慎重考虑，三思而后行，必须要做好以下几个方面的准备工作：

1. 心理准备

做生意是一件非常辛苦的工作，特别是对一个创业者来说，创业的艰辛不是一两句话就能说清的，因为你会经常遇到诸如资金、人事、市场等方面的各种困境。因此，创业者要有经历挫折的心理准备，要有信心、勇气和不屈不挠的精神，以积极的态度去迎接挑战。

2. 项目准备

一个新的企业的创立，需要面临很多困难，市场局面很难一下子打开。你必须有几手准备，也就是要准备一个或若干个可行项目。越是有利可图的项目，就越有强硬的竞争对手。你只能根据环境条件，根据自己的优势，权衡选择。一般而言，能够发挥自己优势的项目，是较好的选择。

3. 资金准备

办一个商店或公司，首先必须准备一笔启动资金。如果没有这笔钱，必须通过各种途径进行筹集。不仅如此，你还要确保在公司资金周转困难时，能及时筹集到所需要的资金。

4. 商业知识准备

办公司必须具备一定的商业知识和经营之道。经商者总是以商业的眼光看待问题，能不能使一件平常之物成为社会大众必需之品，技术可行性如何？能否获利？如果不具备一定的商业知识和经商的经验，则很难有准确的判断。

5. 社会关系准备

办公司需要涉及许多方面的问题，如人才、工商、税务、银行、货源、市场等。初次下海如盲人摸象，分不清东西南北。如果想迅速打开局面，必须借助各方面朋友的帮助，因此平时就要广交朋友。

第二辑
如何捕捉创业机会

创业从哪里开始？如何在漫无边际的市场中找到创业的切入点，挖掘创业第一桶金？

对于创业者来说，准确的市场分析是创业制胜的先机。这就需要创业者对市场进行准确的调查、了解和预测。一旦确切地预测到未来，就能有方法去按照未来市场的需求，做好准备，抓住从天而降的机遇，扬帆商海。

15 机遇藏在细节里

让麦当劳开遍世界

创业故事

克雷罗是闻名世界的麦当劳快餐的创始人，他发迹于一次极为偶然的机会，即一份来自一家汉堡包快餐店的订单，同时这也是一场全球范围的餐桌上革命的开始。

订单上写着要求订购14台制奶机，对于这样大的一批订货，克雷罗认为他应该有必要和顾客见上一面。

克雷罗见到的顾客是加利福尼亚州圣贝纳迪诺市的麦当劳兄弟，他们经营着“麦当劳”快餐馆。那时的“麦当劳”快餐馆规模不像今天这样庞大，经营的品种也很单一，主要是炸薯条和汉堡包。

克雷罗被“麦当劳”吸引了，吸引他的不仅是食品的美味可口，更主要的是麦当劳兄弟独特的经营方式。兄弟俩的经营方式可以说是优点和缺点一样突出，一方面，他们创造了流水线生产汉堡包和搭售炸薯条的营销方式。在制作和销售过程中，不仅采用标准化牛肉小馅饼、标准化配菜系列，还采用红外线灯照射以保持炸薯条的清脆可口。这种食品分量足、口感好，方便快捷，很受当地居民，尤其是青少年的欢迎。此外，克雷罗还注意到，麦当劳兄弟俩在餐馆前树起一个巨大的“M”招牌，用以招徕顾客，而在加利福尼亚州有另外9家餐馆也使用“麦当劳”店名，并且已经有了联合经营、联合销售的发展新趋向。

然而，克雷罗经过周密考察，发现麦当劳兄弟俩的经营思路也不是完美的，而且他们的思想比较保守落后，过于满足现状。另外，他们也不愿进一步拓展新业务和发展分店。所有这些，都给克雷罗留下了很深的印象。多年的推销员生活及对饮食业发展的了解告诉克雷罗，麦当劳兄弟的创造发明非常重要，但也有很多需要改进的地方。

1960年，克雷罗经过考虑分析之后，出资340万美元，买下了麦当劳兄弟的全部资产和经营权，在美国经商史上，创造了一个新的奇迹。

克雷罗和麦当劳兄弟签订了一份联营协议，在协议中清楚地写着：克雷罗独家代理出售“麦当劳”店名的权利，并向冠以该店名的分店提供原料供应和标准化技术指导。

协议中，克雷罗能够得到的好处就是按照餐馆销售金额的一定比例提取报酬。克雷罗凭借他经验丰富和信心十足的优势，在短短几年的时间里，严格按照协议规定的内容开展业务。在随后的6年里，美国各地的“麦当劳”快餐店发展迅速，从当初的8家猛增至2 390家。

现在，麦当劳公司总部坐落在美国的伊利诺斯州，是拥有数十亿美元资产的国际性公司。麦当劳是全球规模最大、最著名的快餐集团，从1955年在美国伊利诺斯州开设第一家餐厅至今，它在全世界的120多个国家和地区已开设了三万多家餐厅，现在仍在迅猛发展。

创业的哲理

在每一个成功者眼中，每一个细节都可能是成功点。机遇是成功的前奏，一个机遇可以改变一个人的一生，就像一份意外的订单重新设定了克雷罗的人生轨迹。在通向成功的道路上，机遇永远与不懈的奋斗结伴而行。

有时候，别人的成功不是自己的绊脚石。如果从成功者身上去寻找破绽，并加以改进，这也是一种成功。克雷罗不失时机地抓住了麦当劳经营初期的不足，并接过麦当劳的生意，然后巧妙地利用了它，才成就了今天的麦当劳王国。

16 优柔寡断是创业者的大忌

哈默：该出手时就出手

创业故事

石油大王阿曼德·哈默就是一个善于发现良机并且敢想敢做的人。哈默16岁的时候，他看中了一辆正在拍卖的双座敞篷旧车，但标价却高达185美元，这个数字对一贫如洗的哈默来说是惊人的。尽管如此，他仍然抓住机遇不放，向在药店售货的哥哥哈里借款，买下了这辆车，并用它为一家商店运送糖果。两周以后，哈默不仅如数还清了哥哥的钱，自己还剩下了一辆车。哈默的这第一笔交易与后来相比根本不算什么，但当时对他来说却属“巨额交易”，在这笔交易中，哈默考察了自己的竞争能力和独自开创赚钱途径的本领。

1921年8月，阿曼德·哈默在经过漫长旅途之后，风尘仆仆地抵达莫斯科。哈默在对苏联的考察中发现，这个国家地大物博、资源丰富，但人们却饿着肚子，为什么不出口各种矿产品去换回粮食呢？哈默直接向列宁提出建议，并很快得到了列宁肯定的答复，于是哈默取得了在西伯利亚地区开采石棉矿的许可证，从而成为第一个在苏联取得矿山开采权的外国人，美苏之间的易货贸易也由此开始。哈默后来通过在莫斯科建立的美国联合公司联系30多家美国公司同苏联做生意。

一个偶然的发现，使哈默又萌生在苏联办铅笔厂的念头。有一天，他随便走进一家文具店想买支铅笔，但商店里只有每支售价高达26美分的德国货，而且存货有限。哈默清楚地知道同样的铅笔在美国只需3美分。于是他拿着铅笔去见苏联主管工业的人民委员克拉辛说："您的政府已经制定了政策要求每个公民都得会读书和写字，而没有铅笔怎么办呢？我想获得生产铅笔执照。"克拉辛答应了他的要求。

于是，他以高薪从德国聘来技术人员，从荷兰引进机器设备，在莫斯科办起了铅笔厂。到1926年，他生产的铅笔不仅满足了苏联全国的需要，而且出口到土耳其、英国、中国等十几个国家，哈默从中获得了百万美元以上的利润。

创业的哲理

哈默有一双善于发现机遇的眼睛，更重要的是有敢作敢为的勇气。对于每一个机遇，他都决不放过，不论它有多么困难，存在多少风险，他都敢去实现。正因为如此，他才获得了如此大的成功，最终成为享誉世界的石油大王。

失败者的通病是犹豫不决、左顾右盼，没有主见。每个人都有自己一箩筐的观点来支持自己的退缩。如果做决定的时候意志不坚定，老是受别人的干扰，那么，这个人干什么事都不会有好的结果。我们当然不否认，做决定时需要听取各方意见，收集各种资讯，但是，我们强调的是，接下来，就该是你自己的工作了，你要根据你自己明确的目标，综合各种信息之后果断地做出决策。该出手时就出手，该收手时就收手，这才是成功创业者的必备素质。

17 谁拥有现金牛，谁就能主宰市场

不断寻找现金牛的英特尔

创业故事

“Don’t be encumbered by history，do something wonderful.”（不为历史羁绊，放手创造绚烂。）这是英特尔联合创始人诺伊斯的激情话语。如今，这句名言已引领英特尔走过了坎坷而又辉煌的40年。这个数字，即使在明星企业荟萃的硅谷，也可谓是一个奇迹。

英特尔的技术发展，要从大名鼎鼎的4004处理器谈起。在创业初期，英特尔的主要开发方向其实是半导体存储器。采用半导体内存之前，计算机安装的是磁芯内存，这种文件存储器的制造工艺费时费力，产品体积庞大，存取速度也很慢。研制新内存是当时业界的迫切要求。

英特尔抓住了取代磁芯内存的机遇。1969年，当英特尔决定向内存技术发起冲击时，已经有6家美国公司也在为此厉兵秣马。这7家公司共同参与了同一个项目的竞标。当时，半导体技术已经发展到可以在硅片上安装更多晶体管，由此带来低成本和高性能，但制造内存芯片的方案还在探索之中。英特尔面前有硅栅MOS技术、多芯片内存模块和肖特基双极技术三条技术路径，英特尔选择了同时尝试这三条路线，最后再选定能大量生产的制造工艺。

双极技术首见战果。当年英特尔推出第一个商品3101双极随机存取存储器（RAM），抢在了竞争对手的前面，这也为它日后发展迈出了第一步。另一个小组研究的硅栅MOS技术也在同年推出了实用化成果1101静态存储器，英特尔成功进入内存半导体市场。数年之内，英特尔又推出两个新产品：可擦写编程只读存储器（EPROM）和静态内存（SRAM）。20世纪70年代末，与英特尔竞争的企业，如尤利森公司、先进内存系统公司等高科技企业都难以望其项背，英特尔拥有内存技术与硅栅技术两大法宝，成为内存技术和市场绝对的代名词。

创造了存储器产业的英特尔，成为该领域的绝对领先者。可以说，英特尔就等于存储器，存储器也就意味着英特尔。谁都无法想象一个没有存储器的英特尔。可以说，存储器就是英特尔的现金牛。

但是，当1985年半导体产业战略转折点来临之际，英特尔果敢地做出决定：彻底退出存储器业务，转向完全不同的微处理器业务。随之而起的是“英特尔微处理器公司”的新定位。它还提出著名的摩尔定律：每18个月微处理器速度将增加一倍。历时三年的战略转变，帮助英特尔穿越了死亡之谷，乘上微处理器这辆特快列车，把其他半导体企业远远甩在后面，英特尔也找到了新的现金牛。

创业的哲理

金牛是指在成熟市场阶段占主导地位的产品，能提供大量现金，因此又被称作现金牛。英特尔的成功之处在于，它一开始就找到了自己的现金牛——存储器，并且马上着手开创了这个行业。但它并没有局限于此，随着时代的发展，他们敢于主动向现金牛开刀，寻找新的现金牛。比如，它退出自己一手开创的存储器市场，全力发展微处理器业务；当386微处理器在市场上还如日中天时，就以486取代386；486尚处收获阶段，便以奔腾芯片取代486；对手刚准备转向奔腾芯片，它就立即推出下一代奔腾芯片。正是这种不断寻找新现金牛的卓越决策，造就了英特尔近20年的霸主地位。

创业者要努力发掘自己的现金牛，以此造就自己不可替代的市场地位，获取最大的利益。

18 有一流的品质，才有广阔的市场

伊利：树起“中国制造”大旗

创业故事

伊利集团自成立以来，一直将产品的品质作为企业经营的核心，从各个环节和流程狠抓严抓牛奶的品质。

“我们坚持用世界最高的标准，为消费者生产最好的产品。这是伊利赢得一切认可最重要的理由，也是伊利发展的核心驱动力之一。”伊利集团总裁潘刚这样说道，“‘中国制造’绝不廉价。我们欢迎每个人品尝我们的产品——用你们最挑剔的标准！”

哈佛商学院高级副院长麦伟略教授，最喜爱伊利牛奶，通过长期以来对于伊利案例的深入研究，麦伟略教授几乎已经变成了伊利的“粉丝”，伊利对于流程管理、质量控制、生产安全等环节的标准化、精确化管理，令他直到今天依然记忆犹新。而“平衡为主，责任为先”的伊利法则，则被他称为是具有东方文化精髓的新型企业管理理念。在被问到会如何向美国消费者介绍伊利时，他毫不犹豫地答道：“我能说的，除了品质，品质，还是品质。”

伊利是中国食品行业第一个进入哈佛案例库的民族品牌。哈佛对其格外重视，前后用了将近一年的时间对伊利案例进行研讨，并在正常的案例课程之外特别增加了一倍课时，用于对伊利案例的解读，这在中国企业中尚属首次。

创业的哲理

品质的认知度不仅仅是某个单一品牌的问题，消费者往往还会形成对某个国家整体品牌的“国别”品质认知度。例如，大家往往认为，日本的产品“精细实惠”，美国的产品“时尚高档”，德国的产品“稳重严谨”等。那么，在国外，中国品牌的整体认知是怎样的？几乎无品牌可言，仅仅是价廉而已。从其他国家不断对中国产品的反倾销中很容易地就理解这一点。因此，站在中国品牌整体提升的角度，中国企业也更应该加强品质的建设。这一点中国乳业之王伊利集团就做得很好。

品质是产品的基础。在对一个产品的品质产生不信任的前提下，无论你的品牌建设怎么搞，都仿佛在沙滩上建大厦，根基不牢。有一流的品质，才会有广阔的市场。如何才能提高产品品质，是创业的永恒话题，也是每个创业者的责任和任务。

19　小商品可以撬起大市场

金利来：小领带，大世界

创业故事

曾宪梓出生在广东省梅县一个贫农家庭，1961年，他从中山大学生物系毕业，被分配在广州农业科学院的生物化学研究所工作。1963年，曾宪梓途经香港到泰国与家人团聚。因为想独立干一番事业，所以他开始在泰国做起了贩卖领带的小生意。

1968年，他重返香港，试图在香港开始他的创业生涯。但是他两手空空，只好先靠做男保姆，为人家看孩子来维持生计。尽管如此，他一有空余时间就研究香港工商业及市场状况，学习成功创业者的经营管理经验。经过数年琢磨，他发现领带在香港有很大的市场，便决定成立领带生产厂。

他并没有盲目进行，而是先将外国名牌领带买回来，将这些领带拆得七零八乱，然后自己制作恢复原状。接下来就是全套采用进口原料，着手生产高档领带。结果，他制作的领带足可以假乱真。但是，他很快发现顾客还是喜欢购买价格昂贵的外国名牌领带，不愿购买价格便宜的香港产领带。于是，曾宪梓下定决心要创立自己的品牌。他独自苦思冥想，又把亲近的朋友请来共同商量，终于为自己的产品取名“金利来”。1969年秋天，曾宪梓注册了“金利来”商标；1970年，注册成立了“金利来（远东）有限公司”。

1971年，他在九龙土瓜湾设立了一个初具规模的工厂，在他的不懈努力下，工厂的业务渐渐有了起色，积累了一定的资本。

曾宪梓并没有满足于取得的成绩，为了在国际市场上争得一席之地，他四处考察，周游各国的领带设计和生产中心，深入地了解法国、德国、意大利、瑞士、奥地利和日本的领带制作和销售市场，学习和积累现代领带的先进生产技术及经营管理知识，并认清领带发展的潮流和趋向。他还和西方一些著名厂家建立业务联系，提高知名度。20世纪80年代初，他在新加坡等地先后设立了“金利来”分公司，并向欧美各国以及日本、澳大利亚、东南亚各国拓展业务。

1984年，曾宪梓当选为亚洲领带协会主席，“领带大王”的称号也从此传了开来。

创业的哲理

曾宪梓在发现了香港的领带市场之后，依靠低成本、高质量的产品迅速占领了市场，创造了“金利来”这一家喻户晓的领带品牌。随后，他的领带王国便开始向世界各地扩张。从他的成功经历中，我们可以知道多观察、多实践、多思考是他成功的诀窍。他是一个积极的行动者，在激烈的市场竞争中，占领了属于自己的一片天地。创业者选定的行业不一定是经营那些风光张扬的商品，那些不起眼的小饰品、小物件，也可以成就一番大事业。

20 不起眼的小市场大有作为

细分市场分出财富大蛋糕

创业故事

目前，国内市场的现状是各方势力汇聚，谁也赢不了谁，谁也吃不了谁，市场没有升级，大家都在拼同一块市场。这个时候，如果有外力的介入，打破这种博弈平衡，很可能会改变这种现象。史玉柱就是这么做的，他在现有的市场下，成功地采用切割术，把一块块看上去不太起眼的细分市场（送礼市场、网游市场）做到了最大化。

我们再熟悉不过的脑白金，它在规格上采用胶囊和口服液的形式，以便与其他保健品区分，一下子火了好几年；黄金搭档作为追随者适时上市，它以提升生活质量、综合调理、把维生素送到各个人群为卖点；同样，在国内市场空白的情况下，史玉柱为中国网民量身制作了“征途”这个网络游戏，“上征途挣工资”也成了流行口号；随后，我们又看到了黄金酒这个概念，它同样是顺应送礼需求而成，在保健酒市场上成功引入了五粮液这个酒业老大，其酒类品质无懈可击，一出场就赢得了满堂彩。后来，当“鹰牌”和“初元”，以及一些其他知名品牌后期跟进时，对史玉柱来说已不再重要了。

创业的哲理

史玉柱的出手，使各个市场都有了做大的可能。以前大家都只懂得为市场拼得你死我活，没有人肯在“需求行为”上动脑筋。即使是上央视做广告，也不过是在同一市场内争夺同一群消费者，结果自然是两败俱伤。但史玉柱的成功，让我们看到了另一种可能性。作为创业者，你需要向他学习的就是要善于发掘细分行业的机会，并根据产品特性进行合理的市场细分，从而为成功创业奠定基础。

那么，创业者应该如何进行市场细分呢？一般来说，可以遵循以下几个步骤：依据需求选定产品市场范围；列举潜在顾客的基本需求；分析潜在顾客的不同需求；移去潜在顾客的共同需求；分市场暂时取名；进一步认识细分市场的特点；测量各分市场的大小。以上步骤基本决定了各分市场的类型，接下来还要测量各分市场潜在顾客的数量。如果顾客数量太少，这个市场也许就不值得留恋。

21 不缺机遇，只缺发现机遇的眼光

“石头”变成“黄金”

创业故事

吕总是香港某建筑集团的奠基者，全港有20%的楼宇用材是由该集团提供的。在他的眼里，石头就是被别人忽视的富矿。吕总对香港的建筑界贡献很大，而这份成功是不能用金钱来衡量的。靠石头起家致富的“石矿大王”吕总对此感慨颇多。

20世纪50年代，这个建筑集团仅为一间买卖机械的小型公司，当时香港的经济尚未快速发展，建筑石材仍采用人力击开石块的原始方式。吕总仔细分析了世界经济走势和香港的独特优势，认为香港的经济前景必然飞跃，极需大量石材建筑各类楼宇。他当机立断，率先引进国外碎石机等先进建筑机械，开采石矿供应市场。

果然不出他所料，香港经济出现持续发展，楼宇建筑市场空前繁荣，对各种“石头”的需求狂涨不已。20世纪60年代到70年代，他的公司经投标先后获得香港政府赋予的三家石矿场的开采权和经营权，业务更是迅速发展，从此成为各种石材的稳定供应商，业绩空前的好，在香港建筑界和地产界得以站稳脚跟。

20世纪80年代初，香港建筑业更加蓬勃发展，高楼大厦如雨后春笋般涌现，吕总意识到本地的石材供不应求，开始将开采石矿业务扩展到中国内地，后来分别在深圳和珠海建立了两家大型石矿场。

建筑楼宇永远离不开石头，这家靠石头发家的集团，在内地房地产热潮兴起时，又将眼光转向了内地。吕总说，原来输港的内地石材，因房地产热潮兴起而转为内销，市场需求日益增长。面对这种形势吕总又做出决断，1995年，在广州和上海又兴建两家新石矿场，满足内地“石头”的巨大需求，继续“以石发财”的奇迹。2000年，在北京郊区又建立了两家石矿场，吕总的事业更上一层楼。

创业的哲理

成功的创业者要具有点石成金的力量，他们能随时随地发现别人所忽视的财富。吕总靠石头致富之所以能够创业成功，并不是偶然的。从石头中发现商机，需要超凡的眼光，需要有果断的决策力。任何成功的创业都不会如天上掉馅饼般幸运，在每个创业者看似幸运的背后，都有着风险和非凡的勇气。

22　瞄准市场，登上财富快车

一杯豆浆闯天下

创业故事

众所周知，豆浆是上海早点工程“四大金刚”之一。有一位名叫王旭宁的年轻小伙，他将自己创业的目光瞄准了豆浆市场。大学毕业后，他放弃了安逸稳定的工作，开始了自己在豆浆市场上的创业旅途。

他从豆浆的生产工具入手，1994年筹资30万创办了九阳电器公司，开始研制生产九阳豆浆机。公司当年实现销售2万台，年产值600万元，此后便以惊人的速度发展，销量连年翻番，到1999年已实现年销量40万台，年产值1.2亿。王旭宁建立了遍布全国160多个地市的总经销营销网络，以有限的人力和短短的时间将九阳豆浆机迅速推向全国市场，近两年还出口海外。

王旭宁很重视员工素质，90%九阳员工是大专以上学历，关键部门如开发研究人员更是硕士以上学历者。如今，九阳电器在豆浆机行业首屈一指。

1998年下半年，九阳豆浆机进入上海市场，当年实现销量近2 000台，1999年则达到6 000多台。接下来，他又计划在以后的几年将其在上海的年销量提升到10万台以上。他很看重上海在商业上的战略地位，认为产品进入上海市场一方面是企业实力和形象的显现，另一方面又具有辐射全国乃至世界市场的重大意义。九阳电脑豆浆机具有十几分钟自动做出熟豆浆的先进功能和优越的性能，因此有着良好的发展前景。

王旭宁对于豆浆机的未来十分有信心。他认为，豆浆机会像电饭煲、微波炉一样成为一个巨大的行业，九阳豆浆机会成为中国人生活方式的象征，就像西方人的咖啡壶。

创业的哲理

王旭宁有敏锐的市场触觉，一开始就瞄准了上海的豆浆机市场，所以借着上海这得天独厚的环境，王旭宁的九阳电器公司一步步成长壮大了起来。创业者对市场要有敏感的认识，为了捕捉市场变化契机，应先尽可能充分地搜集市场资料，并作为市场预测之用。有了准确的市场分析，创业者也就掌握住了商场制胜的先机。

23 没有冷淡的生意，只有冷淡的眼光

进军保健品市场

创业故事

著名保健品牌的创办人沈先生，白手起家，21年来，凭着“敢想敢做敢当”的信念，创立了自己品牌的产品。回想创业的经过，他说，在他20岁时，每月薪金还不到500元。踏入社会工作不到3个月，他就毅然出来创业，在1980年以相等于他三个月薪金（约1 500元）的资金创业。

到2003年，沈先生创建的公司固定资产达3 000万元，营业额达1.03亿元。他的投资已经得到金钱上的回报，现在他一手创办的公司将上市了，这成了他事业上的另一个里程碑。

沈先生的创业历程并不是一帆风顺的。1980年，他开始创业，开设一间售卖厨房电器、家庭用品的商店。之后，店里也开始售卖一些按摩器。

1985年，我国面对新中国成立以来的第一次经济衰退，他的生意也大受打击，但他并不因此而气馁，转而到香港、台湾去开拓新市场。在这次的危机中，他意识到拥有特定市场的重要性，认为拥有特定的市场才能更经得起考验。于是，他专注于保健产品，售卖各种不同品牌的保健产品。

2年后，业务取得一定的销售量。他想，一直为他人做嫁衣裳，

没有保障，不是长远之计，再加上他本身认为，创造市场是一个挑战，于是便逐渐以自己的品牌生产保健产品，公司的品牌从此诞生了。

之后的4年内，他通过合同制造以及合资生产的方式，生产多种保健产品。到1994年，他属下店面只售卖自己公司的品牌产品，成为名副其实的直销专卖店。

这些年来，公司不断开设新的专卖店，经营50多种产品，直接销售给顾客。3年前，公司也开始把产品售卖给医院、健美院等，但业务还是集中在直销。

至今，公司已经在中国、中国香港、中国台湾、马来西亚、泰国、印尼、中东、美国、澳洲和印度等10多个国家和地区，拥有500间直销店面。

其实，沈先生的目标不只是走出我国，走出亚洲，更是要走向全球。他说，现在，人们的保健意识强、压力大，而且经济能力高，所以这个市场潜能甚大。

因此，他计划继续扩大规模，把店面总数从目前的500间增至600间，并在2008年增至1 000间。

事实上，他希望，公司能在每一个国家设立直销专卖店。

对于未来，他说，目前，公司的产品属于中高档产品，公司计划接下来要推出第二品牌，以迎合大众市场。

对于20多年前，国人的保健意识并不强，沈先生为什么会选择进军保健产品作为特定市场这样问题，他说："没错，当年，这个属于冷门的生意，但我觉得，冷门生意虽然开头难，但回报会更高。"他认为，冷门的生意，只要有好的产品、有效的促销概念，以及着手教育顾客，同样能开创一条新的道路。

创业的哲理

特定的市场，总会有它发展的特定时期，而且这与社会的潮流与经济发展形式分不开。如果没有预见性的眼光，不能看到潜在的市场机遇，那只能与成功擦肩而过。

人们时常用“商场如战场”这样的话来形容涉身商海的险恶。的确，在商场上，很少有从来未尝败绩的人。整体经济形势的好坏，决策的正确与否，都是影响成败的主要因素。但失败并不是不可克服的，只要创业者相信自己的能力，运用自己的智慧，在失意时看到光明的未来，看到蕴含在其中的通向胜利的契机，以坚定的步伐追寻它，就一定会走向成功。

24 适应市场，利用市场，改造市场

区域市场的“领舞人”

创业故事

1992年，胡葆森在香港炒楼花挣到了他的第一桶金——2 000万港元。

于是，他开始思考着要建立自己的稳定事业。在反复的权衡和比较之后，他决定回自己的老家河南去创业。当时，地产正朝气蓬勃，他决定从地产入手。

胡葆森决定这样做的理由很简单：他是河南人，了解当地的风土民情，了解消费需求。更重要的是，他是在河南成长的，有着良好的人际关系，而在香港的从商经历，使他掌握了房地产行业的运作规律。

在河南，他成为房地产业第一个吃螃蟹的人。他第一个成立了房地产的合资企业。当时，尽管在一些沿海省份地产类的合资企业不乏先例，但在河南还是新生事物。当他提出注册的时候，就遇到了问题：被批准还是不被批准？因为人们都熟悉胡葆森，经过一番讨论和争议之后，注册申请被批准下来。他和建设银行河南分行出资合资成立了一家地产公司——河南建业房地产开发有限公司，在河南开创了房地产业的先河。后来，国家要求银行与实体脱钩，胡葆森买下了银行的股权，建业成为胡葆森的独资企业。

此后，河南地产界的许多个第一就与胡葆森紧紧地联系在一起：

第一个推出高档住宅小区——金水花园、城市花园；

第一个推出住房按揭贷款；

第一个进行地产的品牌化运作；

第一个将宽带引入社区。

在这许多个“第一”之中，建业得到了迅速发展。

胡葆森认为，他最大的一笔财富就是自己的经历。他不仅在国营企业干过，而且对国际市场也比较了解。他生长在河南濮阳的一个县城里，后来到省城上学，在香港居住多年后又移居澳大利亚。在12年的外贸工作中，出访了近40个国家，并多次陪同省里高级领导出访，学会了跟各种各样的人打交道。

胡葆森的竞争优势是他的适应性。正因为当时河南这个地方的市场发育程度不是很高，市场也不是很规范，所以国外财团和投资商才适应不了，香港、东南亚的地产商才不敢进来。这正好给了胡葆森这些熟悉和适应环境的企业一个生存空间，因为市场不规范、法规不健全，大的房地产巨头没进来，他们的生存空间就大。

胡葆森把自己的生存之道概括为六个字：适应，利用，改造。适应是为了生存，利用是为了发展，改造则是为了回报，这是一个基本策略。胡葆森认为，在不规范的环境里，欲望和陷阱也很多，这时企业在融合环境的过程中必须要先净化环境，坚守自己的企业道德，坚持先规范起来，这是“适应，利用，改造”的关键。

创业的哲理

胡葆森在自己熟悉的环境中创业，创造出了无数个“第一”。这无数个“第一”的创造与他对自身和周围环境的客观认识是分不开的。在一个不规范的市场中，要想取得较好的发展，首先要自身正，并努力去适应环境。适应了环境、站稳了脚跟才谈得上对环境的利用及改造。当周围的环境对你的创业形成阻碍时，抱怨是不能解决问题的，最好的解决方法就是先净化环境，坚守自己的企业道德，坚持先规范起来，也就是“适应，利用，改造”。

25 美丽就是生产力

盛开在女人世界的“自然美”

创业故事

从3 000元租一张美容椅起家，到拥有一个庞大的跨国“美容王国”，并获得美国杜威大学的商学荣誉博士头衔，作为极少数能够行销世界的中国民族品牌的创立者，蔡女士已成为台湾成功女性中的一个传奇人物。

1992年，蔡女士随朋友陈女士一起到上海考察，在这个城市逗留了3天时间。就是这短短的3天，让蔡女士把自己人生故事的场景从台湾改成了中国内地。

20世纪90年代初，眼界渐渐开阔的上海女性开始表达自己对美的追求。但是因为不懂得科学的美容方法，很多人被皮肤问题所困扰。“当时上海的经济发展和美容市场的状况，和我创业初期的台湾相差无几，职业敏感告诉我，这里有‘自然美’发挥的空间。”到上海的第3天，蔡女士就和当地政府签下投资420万美元设立美容化妆品生产厂的协议。

投资初期，蔡女士遭遇到了许多困难，但她从来没有想到退缩，她始终以一个女性特有的坚韧和耐性来面对一切。仅仅10年时间，她创立的“自然美”品牌和“自然美容法”便从一个小镇走到了繁华的大上海，又从上海走向全国的各个城市。

创业的艰辛当然不是三言两语能说尽的。为了宣传“自然美”的美容理念和产品，蔡女士在电视台做各种美容节目，在大商场免费为顾客进行皮肤测试；为了培养国内本土的美容人才，蔡女士办免费美容培训班，并鼓励她们自己开店创业；为了让更多的人加入“自然美”事业，蔡女士为加盟店提供资金支持，却不收加盟金或者管理费。在蔡女士的带领下，这些加盟店都获得了不小的发展，那些加盟到“自然美”发展事业的人们都称蔡女士为“最美丽的女人”。

“自然美”的事业发展得越来越快，如今，上海和北京各有一幢以“自然美”命名的大楼。而在国内的许多城市，“自然美”旗下拥有1 000多家加盟连锁美容店，100多家沙龙SPA生活馆，以及30多家子公司、分公司。对于国内女性来说，10年前还相当陌生的蔡女士和“自然美”，如今成了两个耳熟能详的名字。

蔡女士将她在大陆的故事写成了一本书，在这本畅销岛内的书中，蔡女士写道：“一直以来，相当多的人都在问我在事业上取得成功的经验……其实这一路走来，并没有什么特别秘诀，我只是把‘爱’落实在了我的事业上而已。”

创业的哲理

爱美是女人的天性，创业者如果能围绕着女性爱美这个主题，一定可以做出一番事业。蔡女士从关心女性的美丽出发，开始了自己的创业。她以女性特有的柔韧和耐性获得了事业的成功，创业成功的她又带领其他人走向了成功。几乎每个女性创业者的身上都有这样人性化的特质，她们将自己的爱心和产品共同传播开来。女性本身就具有情感化的倾向，而当这种人格特质和事业结合起来时，将十分有利于事业的发展。

26 精明的头脑是永远的财富

假发中的巨大商机

创业故事

刘文汉投身到假发行业进行创业纯属偶然。在他的一次旅行途中，有一天，他在与两个美国商人共进午餐时，席间谈到什么商品有可能在美国风靡一时，一个美国商人脱口说了一句："假发！"刘文汉略一思索，指着自己的头发问："你是说假发套？""当然！"那个美国商人肯定地答道，并且拉开公事包取出一副黑色的长假发给大家看。接着，他解释说，现在假发开始成了"抢手货"，许多人买，但生产的厂家却不多。他还表示，如能找到合适的货源，他愿意购进13种不同颜色和式样的假发。

本来只是一次随意的交谈，刘文汉却上了心。那时，他虽然对制造假发的知识还几乎等于零，但他已精明地估计到，"假发"制造业可能会大有前途。

于是，刘文汉开始了一番详细的市场调查，最后证实美国市场上对假发的需求量的确十分可观。

从美国回到香港后，刘文汉又对香港的假发生产情况进行了一次调查，并进一步了解到，香港市场上也有人用印尼、印度等地进口的廉价真发制作假发套出售，那主要是为了满足演员和少数脱发者的需要。假发套的生产成本很低，利润却十分可观。但是，香港生产的假发质量不高，根本无法与法国出口的名牌货相比，而且式样、颜色也不符合美国人的要求。

刘文汉看到了广阔的市场和高额的利润，但苦于找不到制作假发的行家，甚至连比较满意的样品也找不到，这使他十分焦急。刘文汉分析之后认为，假发套是劳动力比较密集的商品，只有在香港这种劳动力便宜、税收低的地方生产，才有竞争力。于是，他开始全力寻找生产假发套的能工巧匠。

在艰难地寻找中，刘文汉终于在茫茫人海中找到一个制作假发的老师傅，这是一个为演员制作道具的师傅，经验十分丰富。刘文汉重金聘请了这个师傅做顾问。并根据美国市场的需求量和假发的利润，计算出每月要生产出500副假发，以获取较大利润。在师傅那里，他仔细地参观了制作假发的全过程，每一道工序都认真地看了一遍，边看边问，终于发现了制作假发的窍门。

随后，他参观了手工制作假发的小工厂，对那些十分繁杂、颇费时间和人工的工序进行了改进。他充分依靠现代科学，机械化生产和新技术，并尽可能地采取新材料，很快设计和制造出了生产假发的专用机器。他还从假发师傅的小工厂里请来了一位女工，由她亲自培训工人用机器试制假发。不到3个月的时间，已有几十名工人掌握了机器操作，学会了新式的假发生产方法。刚开始，机器生产出来的假发并不理想，但刘文汉并不灰心，他从世界各地购进了各种名牌假发作为样品，悉心研究，不断改进，终于用他设计的机器生产出了合格的假发套。

带着自己生产的第一批假发样品，刘文汉去香港连卡佛公司推销。这家公司的高级经理仔细地检查了送来的样品，认为质地优良，十分满意，很快就和他签订了订购合同。刘文汉首战告捷。没过多久，他又签订了上千份订货合同。

从此，刘文汉制造的假发源源不断地从香港销往美国和其他国家，成为与法国名牌假发并驾齐驱的畅销货。

创业的哲理

刘文汉从一次随意的谈话中发现了难得的商机，于是便开始了在假发行业的创业，从一无所知的门外汉到制造出与世界名牌产品并驾齐驱的畅销货。他的创业经历种种波折，机械化生产和现代科技的运用使他的产品脱颖而出，终于取得成功。对于有强烈的成功渴望的人，资金、技术、设备等看似困难的问题都不是问题，只要有市场，他们就能够创造一切条件满足消费者的需要，就能够成功。

27 有技术含量的产品不愁销

让“飞跃”翱翔世界

创业故事

邱某，浙江台州人，其貌不扬，初中文化，上过3天高中，后因交不起学费而辍学。他迫于生计，到北京打工，在街头补鞋。后来，他回浙江台州老家，到一家加工缝纫机零件的工厂打工，不久辞工回家，用自己购买的旧车床为工厂加工缝纫机零件，此后办起了缝纫机厂，中国最大的缝纫机生产基地和出口基地飞跃集团就是从这里诞生的。

1986年，邱某的工厂创立之初，人们说他的缝纫机和他自己一样差。1989年参加广州出口商品交易会，由于没有门票，他是从下水道爬进去的，后被人家抓住赶出门外。

1998年，邱某堂堂正正进了广交会的大门，展出了自己的高科技、高附加值的缝纫机产品，受到了国内外客商的青睐。目前，邱某的飞跃集团以美国、欧洲为主要市场，他甚至受到了南美国家总统、总理的接见。

为了学习具有世界缝纫机领域最高水平的技术，飞跃集团公司最高决策者数次东渡日本，与日本缝纫机专家、生产厂、经销商和用户进行广泛、充分的接触和交流，并斥资在日本收购了一家小型缝纫机工厂，根据日本提供的信息和顾客要求，对原有生产装置、产品结构和技术要求进行修改。1999年1月开始，飞跃机电一体化多功能家用缝纫机首次进入日本市场，出口量已达4万多台，从而结束了日本缝纫机单向向中国出口的历史。

中国飞跃缝纫机集团公司从1986年创建到今天，已经发展成为年产值达10亿元，销售收入达7.5亿元，出口收汇4 000万美元，具有活力和生机的现代化企业。集团形成了从产品研发、到整机和零件制造、质量控制、售后服务的一整套完备体系，并发展成为集科研、生产、国际贸易为一体的跨国经营的大型现代化企业集团，现拥有31大系列200多个品种，年产各类缝纫机150万台。其中超高速包缝机、绷缝机占世界总产量的50%。产品的性能价格比极具优势，是世界上最具竞争力的缝纫机品牌之一。

创业的哲理

邱某十分重视科技在企业中的重要性。为了学习先进技术，他远渡日本，将顾客的意见放在首位。在激烈竞争的市场中，拥有具有竞争优势的产品，是企业成功的关键因素，最能体现顾客需求的产品一定会受到顾客的欢迎。创业者一定要在产品上下功夫，保证自己的产品能满足顾客需求。

28 好产品是打开市场的敲门砖

优质产品让“安乐”安享天下

创业故事

恒安集团的总经理许连捷出生于福建一个普普通通的农民家庭，从小过着清贫淳朴的生活，这培养了他真诚善良、吃苦耐劳的美德，坎坷不平的遭遇又锻炼了他冒险开拓的精神和顽强性格。他十几岁就开始做生意，在那“割资本主义尾巴”的年代里，他从做红薯粉条开始，到经营水果、蔬菜、芋头，从推着独轮车、骑自行车到赶马车，昼伏夜行，风餐露宿。

终于到了改革开放的年代，许连捷压抑已久的创业欲望和经营才能一下子迸发出来，他率先办起了服装厂，探索大规模创业的道路。但是受农村的环境和有限的资金限制，他失败了。1985年他内联安海对外加工装配厂，外引香港天利贸易公司，合作创办以“安乐”卫生巾为主要产品的中外合资企业——恒安实业有限公司，他荣任公司副董事长兼总经理。

当时，卫生巾市场的竞争十分激烈。为了立足市场，许连捷提出了“以优质产品叩开市场的大门”的口号。他紧抓产品的质量关，在各个车间转，发现问题，从不放过。对于生产原料，他坚持选用价高质优的美国产品，不惜血本。他为了更好地保证产品质量，在产品包装上均贴有一张意见反馈标签，供消费者将意见填好寄回，从而使每个使用“安乐”的用户都成为公司的质量监督员。有位上海姑娘反映产品质量有问题，他就专门派人在调查清楚原因后，赴上海向姑娘道歉，从而消除那位姑娘的顾虑。正是这样一丝不苟地对自己严要求，才赢得了消费者的信赖。恒安的产品信誉日益提高。

有了质量过硬的产品，许连捷亲自挂帅，本着“立足市场、灵活经营、优先服务”的经营策略，打开了市场销路。在“安乐”进军上海时，他以低于成本一毛一分的价格，批发给首家愿意经销这个产品的公司。结果，由一带十，没过多久，“安乐”以合理的价格在上海市场立稳了脚跟。

目前，恒安公司采用联营式独资方式，在全国建立了7个卫生巾生产公司，还创办了恒安电子玩具有限公司、恒安纤棉服饰有限公司，产品向多元化发展，已形成初具规模的企业集团。现在，公司产值可达数亿元。

创业的哲理

任何商业，商品质量总是第一位的。如果没有高品质的商品，再好的营销手段在市场面前也无能为力。许连捷在艰苦的生活中形成了敢于冒险的精神和顽强拼搏的性格，在服装厂失败之后，仍能够进军竞争激烈的卫生巾市场，并开创了知名的品牌。他的成功是依靠产品过硬的质量和灵活的经营策略，也是靠不屈不挠的奋斗精神。

29 三百六十行，行行出状元

擦皮鞋“擦”出了产业

创业故事

在大多数人的眼中，擦皮鞋算不上是什么高尚的职业，也不需要多高的技术，而西安外语师专毕业的乔某的创业正是从擦皮鞋开始的。目前，他开着一家专业皮革护理店。一双沾满油污的翻毛皮鞋，乔某用自己调制好的专用皮鞋喷剂喷在皮鞋的表面，然后用打火机“轰”的一声把皮鞋点着，双手十分娴熟地翻转皮鞋，数十秒后火焰熄灭了，他用一把专业擦鞋刷，刷去皮鞋表面上的灰尘，然后又在皮鞋的表面喷了另一种喷剂，放进一个特制的烤箱。一个多小时后，他从烤箱取出皮鞋，进行抛光、防臭、防水处理后交到顾客手里，皮鞋已焕然一新。

他这手绝活是从成都一家擦鞋店学来的。1998年，在酒店做文案管理工作的乔某在报纸上看到成都罗福欢“罗记擦鞋店”的报道，该店可以专业护理高档皮鞋。乔某动心了，下定决心要辞掉原来的工作出来自己创业，项目就是经营高级擦鞋店。

一番波折之后，乔某终于到了罗记，并掌握了皮革护理的全套知识。乔某的父母竭力反对乔某将擦鞋作为职业，但乔某决心已定，并决定将擦鞋做成一项事业。

乔某回到西安，投资4万元，开起了CNG皮革护理店。房租半年15 000元，加上装修和购买设备，4万元积蓄基本耗尽，乔某的生意就这样开始了。开张后第一笔生意是擦一双磨砂女士短靴，因为是第一个顾客，乔某给顾客打了5折，只收了她15元。尽管没有赚到钱，乔某还是兴奋了半天，毕竟好的开始是成功的一半。

一次，一位顾客请乔某去给他的皮沙发做护理。面对价值昂贵的皮质沙发，乔某知道这是对自己的一次考验，如果活儿无法让顾客满意，接下来的路会很难走。他将传统的护理工艺与自己学到的独门技能结合起来，早出晚归干了两天，虽然只挣到几百元，但客人的满意使他长长地舒了一口气。乔某不断钻研着皮革知识，并以踏实的工作作风和善解人意的工作态度赢得了许多顾客的好评，渐渐顾客越来越多。

乔某的皮革护理店已经开始盈利了，他还有更长远的打算，那就是要把皮革护理形成产业化。在把擦鞋店经营好的基础上，他打算再开几家分店，基本覆盖西安城区的东西南北。所有的店都按照自己的管理标准去管理，将保养工作流程化，形成一个专业皮革护理的品牌产业。

创业的哲理

俗话说：三百六十行，行行出状元。每一个行业，在创业者的眼中都是一次机会。擦皮鞋，这个被大多数人看不起的职业，乔某却把它当作一个产业来做，渐渐做出了特色，做出了名堂。可见，创业成功与否和所从事的行业是没有太大关系的，只要创业者坚持下去，不断提高自己的知识和技能，就能在所从事的领域中，有自己的一番作为。

创业导航：洞察市场，扬帆商海

创业者在进行创业活动前，首先要进行市场调查。为了防止调查的盲目性，市场调查工作必须有计划、有步骤地进行。市场调查一般可分为四个阶段：调查前的准备阶段、正式调查阶段、综合分析整理资料阶段和提出调查报告阶段。

1. 调查前的准备阶段

对企业提供的资料进行初步的分析，找出问题存在的原因，明确调查课题的关键和范围，以选择最主要也是最需要的调查目标，制订出市场调查的方案，主要包括：市场调查的内容、方法和步骤，调查计划的可行性、经费预算、调查时间等。

2. 正式调查阶段

市场调查的内容，综合起来，分为以下四类：

（1）市场需求调查，即调查企业产品在过去几年中的销售总额，现在市场的需求量及其影响因素，特别要重点进行购买力调查、购买动机调查和潜在需求调查，其核心是寻找市场经营机会。

（2）竞争者情况调查，包括竞争对手的基本情况，竞争对手的竞争能力、经营战略，新产品、新技术开发情况和售后服务情况，还要注意潜在的竞争对手。

（3）本企业经营战略决策执行情况调查，如产品的价格、销售渠道、广告及推销方面情况，产品的商标及外包装情况，产品存在的问题及改进情况。

（4）政策法规情况调查，政府政策的变化，法律、法规的实施，都对企业有重大影响，如税收政策、银行信用情况、能源交通情况、行业的限制等都对企业和产品的影响很大，也是市场调查不可分割的一部分。

市场调查的方法，可分为两大类：统计分析研究法和现场直接调查法。

3. 综合分析整理资料阶段

当统计分析研究和现场直接调查完成后，市场调查人员拥有大量的一手资料。对这些资料首先要编辑，选取一切有关的、重要的资料，剔除没有参考价值的资料。然后对这些资料进行编组或分类，使之成为某种可供备用的形式。最后把有关资料用适当的表格形式展示出来，以便说明问题或从中发现某种典型的模式。

4. 提出调查报告阶段

经过对调查材料的综合分析整理，便可根据调查目的写出一份调查报告，得出调查结论。值得注意的是，调查人员不应当把调查报告看作是市场调查的结束，而应继续注意市场变化情况，以检验调查结果的准确程度，并发现市场新的趋势，为改进以后的调查打好基础。

第三辑

如何进行创业融资

对于创业者来说，开创新的企业，最大的困难就是如何获得资金。创业者如果筹不到足够的创业资金，不仅“寸步难行”，而且还有可能导致企业无法生存下去。

创业者应开动脑筋，广开门路，想方设法融到更多的奖金，可以向专业投资人融资，也可以向银行贷款融资，也可以向亲戚朋友借钱，还可以采用合伙创业、加盟连锁等方式变相融资，总之，要利用一切可能的办法筹集到创业资金。只有资金到位，创业者才有可能在尽可能短的时间内，取得良好的开局。

30 融资要有水滴石穿的恒心

王博士的漫漫融资路

创业故事

王先生从中国科技大学无线电系毕业后，赴美国斯坦福大学攻读博士，先后就职于美国太平洋贝尔公司、蜂窝数据公司、英特威尔公司，2010年在硅谷创建美国通用无线通信有限公司（美通公司）并任总经理至今。

美通公司是高技术企业，它的创建，资本是不可或缺的关键一环。王先生的第一次融资经历非常富有戏剧性。他参加了一次风险投资演讲会。会前，已经有了开发个人移动通信信息终端的创意，临到会议结束时，他走上演讲台向演讲的风险资本家谈了自己的创业思路。有个风险资本家听了他的“故事”后，就给了王先生一个电话号码说：“我们找时间再谈。”之后，王先生连续三天给那个风险资本家打电话，都没有人接听，但王先生每次都耐心地留下语音留言。

终于有一天，那个风险资本家给他回电话并约定了会面的时间、地点。当两人见面时，风险资本家说：“知道我为什么不接电话吗？这实际上是对你的一个测试。如果你连打电话的困难都不能够克服，我肯定不会找你。因为一个创业者必须有不怕困难的基本素质。”

这样，经过6个月的谈判之后，王先生终于从MK Global和Tong Yang Ventures两家风险投资公司得到了第一笔总额为200万美元的风险投资。此后，王先生又从7家风险投资公司融入资金3 000万美元。几次成功的融资经历，使王先生差不多成了一个专业的风险投资专家。

王先生认为，要想融资成功，首先要坚持一个原则，就是永远要多谈几家；其次是要选择正确的投资人。所谓正确的投资人的判断标准有以下几条：一是要在你的企业所属的产业当中有投资经验；二是要有充足的资金；三是要控制好节奏以便让几家的谈判进度持平；四是在钱进入自己的银行账户之前永远不要抱有任何幻想，因为只要钱还未兑现，就始终有变化的可能。

创业的哲理

要想创业，就要有资本。而资本的来源多种多样，利用风险投资、融资，是王先生的选择。风险投资不可能轻易得到，投资商选择一个创业者，就像创业者自己创业一样，要有独特而有远见的目光。争取风险投资不仅要靠项目、需要一定的技巧，更重要的是创业者的人格魅力。投资商不仅要选择项目，也是在选择一个人。一个成熟的创业者必须具备良好的素质，既要专业化，又要有坚韧的个性，这样才能取得投资商的信任。

31 先明确股份产权分配，后启动创业蓝图

易趣创办人邵亦波的苦恼

创业故事

易趣网创办人邵亦波的第一个创业项目不是eachnet（易趣），而是一家美国医疗行业的IT公司。波士顿咨询集团（BCG）的老板跟他的朋友们成立了这家公司，邀请邵亦波加入，那一年他22岁。他们的生意做得很大：耗资10亿美元收购了一些公司，合并起来运作了几年，把公司推到了世人的面前，那仍然是一个很大的买卖，可是失败了。什么原因呢？他的老板跟朋友出现了严重的分歧、争吵。

当然，创始人之间的分歧和争吵是正常的，如果创始人之间总是保持意见一致，并不是一件好事情。但是，在这个案例中，争议的焦点在于谁应该占有51%的股权，谁应该占有49%的股权。邵亦波的老板说：我为这家公司贡献了这么多，我应该持有51%的股份；他的朋友也说了：一年前我们就决定了，我们是对等的，你怎能说话不算话呢？两人争吵了好几个月，最后还是分家了。这之后，邵亦波才去了哈佛商学院，毕业后创办了易趣。

在随后的两年中，5个创业公司的经历让他对这一问题认识得更清楚了。这5个公司中，有4家因创始人间产生争议而到了失败的边缘，而这4家公司中有3家是因为股份分配问题，其中一家彻底失败了，另外2家在他的帮助下解决了彼此的争吵、分歧，活了下来。

这些经验，让他总结出了创业者通常会犯的两个错误：第一，合作的第一天，没有把股权的分配谈清楚，记录下来；第二，没有考虑假如一个合伙人中途走人，股份该如何分配。

他以前波士顿咨询公司的老板犯了第一个错误，很多时候，创始人之间不想对谁应该占多少股份进行艰苦的争论，怕伤感情，他们或者避免进行全面的讨论，或者搞得模棱两可，比如，我们之间是平等的，延后再讨论；我们都是讲理的人，还有什么不好说，以后再说……如果合伙人是3个或者更多，讨论就更复杂，因此人们往往趋向与延迟讨论。可最终的结果，往往是不欢而散。

创业的哲理

讨论彼此的利益与责任分配是所有合伙人之间都无法回避的问题，尽管大家都不愿意面对。但问题是，这种讨论拖得越久越难定夺，越等事情越糟糕。所以，关于股份分配的问题还是尽早讨论比较好，理想的讨论时间是：在创始人达成合作意向之后，在真正开始创业之前。

同样，仅仅讨论股份分配还是不够的，如果一个创始人分得了很多股份，后期做事不力该怎么处理？如果一个创始人离开了公司或者公司想剔除一个合伙人，怎么样处理他的股份？这些都是在一开始要考虑的，丑话说在前面，总比以后遇到问题时才撕破脸来得好。权责明确，才能确保你们的公司不会因为股东之间的矛盾而夭折。

另外，在经营过程中，一定要做到账目清楚、手续齐全，随时经得起检查；对所有账目的进出情况、合作实体的经营状况和损益情况要定期在合伙人间进行公开，利益分配要严格按照合作协议中的规定办理，做到各方心中有数，才能避免产生不必要的误会与麻烦。

32 与其向外融资，不如向内融资

拒绝风险投资的用友

创业故事

成立于1988年，最初注册资本仅为5万元的用友公司，在十年之后的1999年，注册资本为人民币7 500万元。又过了十年之后的现在，它已经进入全球软件业的50强，成为一家世界级的软件企业。这家曾经也是小资本创业的公司，是怎样在短短二十年间把雪球滚到这么大的？

1991年的用友公司，面对200余家大大小小的财务软件公司的竞争，把提高市场占有率作为其首要战略目标。事实证明这个决策是对的，连续三年，用友公司的营业额和营业利润都以60%的速度增长。终于，用友要考虑上市了。这时候，就要面临融资问题。

由于这一时期的用友，经营风险已经大为降低，而发展前景不可限量，投资价值远远大于传统行业的成熟企业，所以国内、国际的资金不请自来，形成用友公司被资金追赶的局面。半年之内来访的就有几十家之多，有海外的也有国内的。但是，用友没有接受这样的投资，因为用友高层经过分析认为，用友已经度过了需要风险投资的创业期，这类投资对用友上市地位和发行价格也不会有所帮助，所以接受风险投资的意义并不大，用友完全可以独立上市。

他们当然不是盲目自信。由于经营已经有一段时间并且初具规模，与供应商和经销商有了固定的合作关系和一定的话语权，用友有条件通过应付账款和预收账款占用上下游的资金来积聚一笔可观的流动资金，这笔资金对用友进一步扩大经营规模作用良多。而且，用友创造了可用于扩大再生产的盈利。这部分由留存利润转化的内源融资数额，标志着企业经营进入健康的良性循环，企业有能力仅凭内源融资生存和发展。

最终，用友拒绝了融资成本最高的风险资本投入，平稳地度过了由于规模扩大而带来的企业“青春期综合症”，直接冲向了中国资本市场这条跑道，冲向自己光辉灿烂的明天。

创业的哲理

用友为什么会拒绝风险投资呢？诚然，风险投资、银行贷款、股票上市和发行债券这些外源融资具有高效性、灵活性、大量性和集中性的优点，但过多的外源融资会增加企业的负债率，使企业控制权分散化，加大企业的经营风险。而内源融资的原始性和自主性能够减少企业对外界的依赖，降低外部环境对企业经营的影响，提高企业的自我发展能力，也能降低企业运营成本，更能降低企业经营风险。所以，实力雄厚的用友会做出内部融资的决定。

那么，企业该怎样做呢？如何判断自己是否具有内源融资能力呢？

内源融资主要由留存盈利、折旧和定额负债构成。

留存盈利是提取公积金和未分配利润形成的资金，具体方式是企业的当期利润不分配，或向股东发放股票股利而不发放现金股利。

折旧是以货币形式表现的固定资产在生产过程中发生的有形和无形的损耗，它通过销售收入分期收回。折旧不增加企业的资金规模，但能够增加企业当期的现金流量。

定额负债是根据现行财务制度结算程序暂时保留在企业内部的一部分经常性的延期支付款项，主要包括应付工资、应付福利、应交税金、预提费用以及其他应付款等。虽然定额负债不属于企业所有，但短期内它总是稳定地存在于企业中。因此，企业可将其作为短期流动资金充分利用。

由这些内源融资形成的方式可知，留存盈利要求企业具有较强的盈利能力，折旧要求企业资产中固定资产所占份额较大，定额负债与相关法律和核算制度有关。企业可以根据自身条件，选择适合自己的内源融资方式。

33 栽下梧桐树，引得凤凰来

可行性商业计划打动投资者

创业故事

当汤姆·F.赫林夫妇俩到纽约的尼亚加拉大瀑布做伉俪旅游时，他们惊奇地发现，在这大好美景两岸的美国和加拿大，都没有为这些留连忘返的游人提供歇宿的住所和其他设施。

从此，在赫林的心里就产生了一个在风景区开设旅馆的想法。要建造旅馆就得找地基，他在格兰德市找到了一所高中，因为校方想出售这座房子。可是当时赫林还只是一家木材公司的小职员，周薪仅有125美元，想买这幢房子，却苦于无资金。于是他向自己公司的股东游说，希望他能从事旅馆经营，但没有成功。他只得独自筹集了500美元，请一位建筑师设计了一张旅馆示意草图。他既未攻读过建筑，又没有钻研过工程，因此，他对示意图的可行性研究慎之又慎。当他带着示意图向保险公司要贷款60万元时，保险公司非得要他找一个有100万元资产的人作担保。于是，他向另一家木材公司的总经理求援。总经理看了旅馆示意图后，以本公司独家承包家具制造为条件，同意做他的担保人。

赫林又以发行股票的方式筹集资金，他提出两种优先股：一种股份供出卖，取得现金；另一种是以提供物资来代替股金。就这样，他筹集到了创业所需的资金，建成了理想中的拉波萨多旅馆。

创业的哲理

凡是资本，都是要追求回报和收益的，以创业资本形式存在的风险资本当然也不例外。趋利避害是一切资本的本能，风险创业资本不同于一般投资的独特之处只是在于它的高风险性与高回报率并存。面对如此理性的资本所有人、如此精明的资本运作人和管理人，创业人用什么来吸引风险资本的注意力呢？一个好的商业计划是获得投资的关键，要尽可能说清楚投资者所关心的那些事情，如可能的增长前景、可能遇到的风险、管理、潜在的竞争以及资产折现能力和方案。

任何投资者都会问到的关键问题是：我能从这个项目中获得多少回报？这个市场有多大？会有什么损失？交易当中还有谁发挥作用？这个公司又将怎样接触到顾客？我的资金何时和怎样才能撤出？另外，还包括对商业计划各项内容的第三方验证等。

因此，一个全面的商业计划至少应该包括以下内容：管理团队简述、商业计划、应有的智力背景资料（包括市场分析、研究论文、专利成果等）、商业评估公司对公司在投资者投资前及投资后的价值估算、出售最少股权换取最多投入的交易结构。

你的创业想法、发展计划、商业报告、企业模式发展远景、市场份额，还有你个人、企业的信誉，这些都是风险投资者考核的范围。为了增加获得风险投资的机会，你必须拿出一份吸引人的商业计划书，同时用你的人品信誉做担保。

34 沉迷于“短贷长投”无异于玩火自焚

“短贷长投”，创业者的长痛

创业故事

就融资规模和其错综复杂程度而言，德隆在中国的企业界独一无二。而德隆正是凭借这些合法与不合法的融资方式才发展成为庞大的企业集团。德隆产业整合需要大量的长期投资，它往往依靠向银行及其他机构短期融资，以保持资金平衡。但这是危险的平衡，一旦资金链断裂，后果不堪设想。偏偏这些资金中的绝大多数都是短期融资，被德隆用在了实业的对外扩张上。众所周知，德隆的实业以传统产业为主，回报缓慢。这样的短贷长投，无异于玩火。2004年，随着对德隆的质疑不断增加和国家宏观调控政策的出台，德隆顾客的信心动摇了，于是“短贷长投”的资金链断了，游戏就此结束。德隆通过短贷长投竭力打造资本航母，却最终一败涂地，以近乎惨烈的方式警示着后来的幻想家们。

湖北一个新组建的农副产品加工公司，为了事业的高起点，急不可待地购进了一大批设备。不久就发现，要安置新设备，现有的厂房远远不够，需要建新厂房。可建新厂房需要很大一笔投资，为采购设备，公司账上资金已几近枯竭。无奈之下，只得求助于银行。几经周折，总算以备料的名义，从银行贷来了一笔款。该公司将这笔款投入新厂房的建设当中，却忘了这是短期贷款。新的厂房刚盖完，还款的时间也到了。公司还不上银行的借款，银行就申请法院将公司原有的厂房带新盖的厂房和机器设备全给查封了，这家企业一时落入了进退无路的境地。

创业的哲理

借钱没什么不对，几乎每一家企业都有过借钱的经历。但是用银行的短期贷款搞固定资产投资，这是公司财务管理上的大忌，将会大大增加企业的投资风险，并有可能危及企业的正常运作。所以，作为创业者，对一些基本的财务和融资知识一定要懂，不懂就要花时间认真去学，否则早晚要吃大亏。

对创业者来说，在确实难以获得资金支持的时候，短贷长投也并非完全不可行，但最怕的是企业一时头脑发热，沉迷于产业整合、大幅扩张中，虽然这看上去很风光，可一旦宏观调控来临，国家收紧信贷政策，便无法再取得“短贷”资金，资金链就会立刻断裂。通过其他的渠道融资更加困难，问题就一个个冒了出来。

35 债务融资是一把双刃剑

债台高筑轰然倒下的“小巨人”

创业故事

2004年11月，对于浙江超同科技股份有限公司的董事长吴李明和两千多名员工来说，是一个痛心的日子，他们辛苦经营的公司关门了。公司的一些固定资产已经易主，有的财产被法院查封，有的厂房“铁将军”把门。

超同公司创办于1984年，创建20多年来，一直从事化纤行业，主要生产丙纶长丝、涤纶长丝等化纤产品，属于同行业中起步较早，持续做化纤时间较长的企业。1999年，超同公司进行了股份制改造，由原先的乡办企业改为民营股份制企业，由公司董事长吴李明控股，集团下辖超同科技、海盐超同、富华合纤、阳光聚酯4家子公司。公司改制的当年，便实现销售收入6亿多元，赢利4 000多万元。在此后的几年里，超同公司的销售收入一年一个新台阶。这期间，超同公司以其高达16亿元的年销售收入，成为浙江省“小巨人”企业，在全省化纤行业中排名第二位，在全国同行业中排名第十七位，一跃跻身先进的行列。正当超同公司飞速发展之际，却令人意想不到地倒下了。是什么原因使超同公司轰然倒下的？

从表面原因看，是几家银行相继从超同公司抽走了大笔资金，使超同公司的资金链断裂了。但翻开超同公司的成长史就会发现，这个公司最初靠100万元资金起家，随后不断扩大，这里面成功的要素之一，就是公司董事长吴李明在多年的实践中，得出了一个做大企业的“秘诀”，那就是将企业赚到的钱用于固定资产再投资，进行企业扩张，而将银行的贷款作为企业的流动资金，形象地讲这叫“借母鸡孵小鸡”，准确地讲叫“借钱生钱”。就这一招，让吴李明痛快“玩”了十多年，但最终却引火烧身。

超同公司曾向中行、农行、工行、广发、招商、光大、华夏、商行等银行合计贷款3亿多元。其中一部分是以固定资产作抵押，另一部分则是以库存作抵押。2003年年底，广东发展银行首先抽走了超同公司的3 000万元贷款资金。2004年4月，广东发展银行抽走了超同公司的所有资金。随后，其他商业、国有银行也相继抽回资金，此时，超同公司的流动资金至少需要1.5亿元，但它们根本拿不出来。因此，被银行抽干了“血液”的超同公司就这样轰然倒下了。

创业的哲理

“借钱生钱”的办法并不是不能用，但要把握好分寸，像超同公司这样将企业的利润全部用于扩张，而所有的流动资金全部依靠银行贷款，甚至到后来把用于流动资金的银行贷款也挪用到固定资产投入中去，这种做法一旦遇到风吹草动，便会无路可走。所以，我们要切记负债经营不能超负荷。

企业负债规模越大，则利息费用支出越多，由于收益降低而导致丧失偿付能力或破产的可能性也随之增大。同时，负债比重越高，企业的财务杠杆系数越大，股东收益变化的幅度也越大。所以，负债规模越大，财务风险越大。合理地利用债务融资，配比好债务资本与权益资本之间的比例关系，对于企业降低综合资金成本、获取财务杠杆利益和降低财务风险是非常关键的。

36 信用是个人融资的通行证

网络信用也能获贷款

创业故事

徐苗刚的企业创办于1997年，专业生产各种规格的纸桶，部分产品出口。后来，他注册成为阿里巴巴电子商务网站会员。在偶然的情况下，他得悉建设银行和阿里巴巴网站发布了一则消息，凭借企业电子商务的信用度评级，并通过银行对企业的诚信经营调查，企业就可以获得贷款。抱着试试看的想法，他递交了贷款申请。

“没想到，建设银行杭州西湖支行的工作人员立马就上门来了。”徐苗刚记得，工作人员前后来了三次，他们跑银行、翻账本、查报告。“6月中旬，银行通知我签字，同意发放30万元贷款。”

一直联系徐苗刚企业的建设银行西湖支行顾客经理吕明说，经过调查，这个厂拥有几家比较固定的上、下游企业，业绩逐年攀升，银行反映企业每次都提前还贷，信用很好。再看财务报表也清爽，他们心里就有底了。

对中小企业授贷，银行很看重法人素质，特别是诚信经营。虽然这家企业电子商务开展时间不长，但网上信用度反映较好，这样的企业符合银行放贷条件。所以，网络上的信用，帮徐苗刚得到了一笔贷款。

与之形成鲜明对比的是，一家利用热电厂煤渣做砖的企业在申请贷款时，企业所有条件都符合，但在审查个人信用时，投资人却“掉了链子”——其参股的某企业有200万元欠款。

创业的哲理

目前，不少银行都开设“个人创业贷款”业务。贷款额度各个银行根据规定有所不同，根据个人的资源状况和偿还能力，最高可获得单笔50万元的贷款支持。不过，该项业务的一大特征是评估十分严格。银行之所以谨慎，是因为创业贷款一般数额小，单笔业务成本高，如果不能还贷，诉讼、执行程序的费用会让银行得不偿失。贷款人的个人信用是创业贷款推行的最大瓶颈，在我国，没有有效的界定个人信用的方法和途径，银行自然不敢轻易放贷。

凡是在银行贷款或者办过信用卡的个人，都将拥有自己的信用记录。一旦登上信用“黑名单”，你享受到的金融机构服务肯定会受影响。但如果真的不慎有了不良记录也不必忧心忡忡。因为每个金融机构对个人信用数据会有各自不同的理解和规定，上了“黑名单”的消费者可能被一家金融机构拒绝交易，但也可能有金融机构会忽略这个因素，继续与消费者进行交易。

举个例子说，你有A银行一笔房贷未按时偿还，当你在B银行申请贷款买一台液晶电视时，B银行会查阅数据库中你的个人资信信息。如果认为你的房贷不良记录影响本次正常交易，你的液晶电视就“泡汤”了。但是如果B银行认为，你没能按时还房贷，但能按时还电视贷款，那么也不会因为你上了“黑名单”而中止交易。但不管怎样，这个不良记录在短时期内是不可能消除的，所以，还是时刻谨慎维护自己的信誉吧。

37 小额贷款可解创业燃眉之急

小额贷款圆了创业梦

创业故事

2005年公司刚创办时只有职工5人，公司产值150万元；2007年已发展到10人，产值将近300万元。这几年，胶南经济开发区石嘴子村失地农民逄增余创办的青岛东恒茂铝塑工程有限公司一年一个台阶，生意红红火火。“这都得感谢市里的创业小额贴息贷款啊！”一谈起事业的发展，逄增余内心就溢满了感激之情。

逄增余所说的创业小额贴息贷款，指的是胶南市设立的农民创业扶持基金。2006年，胶南市设立了1 000万元的农民创业扶持基金，对农民创业小额贷款实行90%的贴息补助；2007年又将贴息额度增加到2 000万元，贴息范围扩大到下岗失业人员。正是连续两年在贴息贷款的帮助下，逄增余的公司才有了今天的新气象。

创业的哲理

启动资金不足是制约许多人创业的主要“瓶颈”之一。国家实施小额贷款策略，甚至对一些行业实现贴息，真正为创业者开辟了一条绿色通道。如果你符合相关条件，完全可以享受这些优惠措施，圆你自己的创业梦想。而且你也不需要担心不能提供担保抵押品，有关市民亲朋两证（产权证、土地证）齐全的房屋、汽车、机器设备、大件耐用消费品、有价证券等物品，经评估后都可作为担保抵押品。

另外，团中央与国家开发银行在深入调研的基础上，经过反复论证，推出了针对青年创业的“中国青年创业小额贷款项目”，45岁以下青年初次创业将有可能获得小额贷款，45岁以下的青年企业家二次创业也将有可能获得中小企业贷款。青年创业小额贷款每人单笔额度一般在10万元以内，最多不超过100万元；青年创办的中小企业贷款单户额度一般在500万元以下，最多不超过3 000万元，贷款期限不超过3年。

不过，各地区对这些绿色通道的相关规定，可能会有差异，比如，有的地区要求是下岗人员。你可以根据自己所在地区的政策，选择适合自己的小额创业贷款，这比普通银行贷款要方便得多。

38 巧妙的运营模式可以无本万利

“借鸡生蛋”创辉煌

创业故事

见村善三是一个日本人。他创业之时，没有资金，没有技术，又没有生产的地方，却干出了惊人的成绩，成了远近闻名的百万富翁。

他用的计策是：借别人的土地，借别人的钱，盖起了厂房，又租给需要办厂而缺少厂房的人。换句话说，他的创业方法就是“借鸡生蛋”！

见村善三认真地考察，又细心地分析，然后得出一个结论：日本是一个国土狭小的国家，因此寸土寸金，不少人想开工厂，但是资金不多，根本买不起土地盖厂房；而有些土地却闲置着。

只要把以上二者联系起来，就是一个两全其美的赚钱之道。一方面解决了土地闲置；另一方面，只租用土地，不用购买，那些企业主能够负担得起，肯定会大受欢迎。于是，见村善三就开始找土地，他专门找那些偏僻没人要不值钱的土地。在这些土地中，他专门找那些没有出路、不易卖掉的被圈在别人土地之中的土地。他与这些土地的所有者一一商谈，提出改造利用土地的计划，土地所有者听了十分高兴，愿意转让土地，有的土地主人还拿出资金借给见村善三。

有了土地，见村善三就开办起见村产业开发公司，组织人员上门推销土地，那些企业家正愁没有办法盖工厂，见有土地出租，又不需要巨额资金，都很高兴，纷纷上门与见村善三签订合约。见村善三从租用厂房者处收取租金后，扣除代办费和厂房分摊偿还金，所剩的钱即归土地所有者。厂房租金和土地租金之间的差额，除去营造厂房的费用，便是见村善三的盈利。三方达成协议之后，见村善三就向银行贷款、建房，然后按分期付款的方法归还银行的贷款。见村善三的主意很符合厂方和土地所有者的利益，刚刚一开始就有了收益，还给地方的商业带来了繁荣。

见村善三的代办事业就这样发展了起来。他一年的代办费收入就达20多亿日元，有了这笔钱，他就不用向银行贷款了。

就用这种方法，他从营造小厂房到修建大厂房，直到营建大规模的工业区，生意就像滚雪球一样越滚越大。

创业的哲理

见村善三采用一种巧妙的运作方式，既解决了土地闲置问题，又为需要厂房的企业提供了可承担起费用的场地，而且为自己带来了巨大利润，可以说是一举多得。但这种看似无本万利的生意却并不是天上掉下来的馅饼，须有敏锐的市场洞察力和灵活的思维方式，才能想出这样独特的运营模式。我们在羡慕这样的创业者的同时，不得不佩服他们的高明。要培养这样的商业头脑，是和对市场的关注、调查和预测分不开的。

39 加盟创业可避免资金不足的窘境

加盟专卖店轻松当老板

创业故事

叶菁原本在一家国营设备安装公司做销售，6年的工作之后，她想自己创业，但做原来那个行业需要的资金太多，她考虑很久，觉得做和生活相关的服务项目比较适合女性，而且走著名品牌特许加盟的路子，产品质量和知名度都有保障，比较省心。于是，她开始对符合这些要求的项目进行考察，开始她想开个柯达冲印店，但柯达没有加盟店的区域保护，相隔50米开外就可以开店，网点一密集，竞争就激烈。此外，洗相设备贵，启动资金至少要在25万元。选来选去，最终她决定加盟雅芳专卖店，卖起了化妆品。

在真正加盟之前，她去了很多专卖店调查，又去雅芳公司咨询，觉得可以做：第一是投资门槛低。雅芳不收加盟费，35平方米的店，初始投资大约13万元，差不多一半用于付房租，其余的钱用于支付公司提供的货柜、首批铺货以及装修等。第二是有品牌的保证和相应的服务。雅芳公司的开发部会协助加盟商选址，公司对利润空间的调查有科学的依据，而且雅芳公司自己有一个发展专卖店的区域表，一个区域只能开一家店。获得雅芳产品专卖店的授权经销证书后，公司会帮助加盟者装修、摆货，并派出一个区域主管，每个月有培训，给店主和店员讲销售技巧和产品知识。关于品牌和产品的市场推广，公司都有整体上的计划和安排，不用自己投入，加盟者只要做好本店的宣传和服务，就可以盈利。

叶菁的专卖店实行的是目前国际最流行的“前店后院”的营销模式，即前店销售产品，后院为顾客提供美容等售后服务。她的店最初几个月很冷清，顾客多是看看就走。特别是开业没多久就遇到了非典疫情，店员回家了，剩下她一个人。在那些没有顾客的日子里，她开着店，微笑着，坚持着，渐渐地客人多了起来。现在已经有了一些熟客，有的还会提前预定雅芳的新品。

创业的哲理

想做品牌化妆品店的加盟者，要认识到做化妆品行业的风险，以谨慎、理智的态度进入。化妆品行业还是一个有诸多限制的行业，需取得卫生许可证及相关街道与部门的开业许可，才能顺利取得营业执照。此外，一些“黑店”的存在，扰乱了市场价格，这都给化妆品专卖店的经营带来了难度。所以，它并不是任何创业者都可以随随便便进入的，这是创业者的经验之谈。

近年来，随着创业风潮日趋盛行，加入连锁加盟店创业的人愈来愈多。加盟可以解决自身创业资金不足的问题，但也有一定的风险。现在加盟纠纷不断出现，纠纷的产生原因在于加盟合约，加盟总部在加盟前，未向加盟者详细说明合约内容，而加盟者往往也未加深入了解就签下合约，在双方各自模糊处理之下，会产生纠纷也就不足为奇了。因此，加盟者在签立加盟合约之前，就应深入了解合约内容，以确保自身权益。切莫以为加盟合约都是总部制式的范本不可修改。其实合约应该是通过彼此双方协议之后做成的。换句话说，加盟者不仅该睁大眼睛看清楚内容，更有权利要求修改内容。

40 独资经营投资小，适合个人初次创业

独自做老板的大学生

创业故事

陈文彬是福州大学阳光学院工商管理系2005届毕业生。同年7月8日，他成为福州大学阳光学院第一个获得毕业生创业基金的人。根据他的创业计划，他将在家乡泉州开一家加盟特色粥店。毕业之后他一直都在筹备开店事宜：选址、装修、职员培训、申请执照……在那年毕业的学生中，有4人向学院提出申请，只有陈文彬的创业项目通过了审核，获得3.5万元的资助。他的创业举动，成为该届毕业生中的亮点。

2004年从厦大计算机本科毕业的张伟武也是该系第一个自主创业的毕业生。张伟武早在上大一、大二时就小试过创业，那时成立的是一家设计工作室，专门做委托设计出版物。但是从大二那年起，他才真正有了创业的念头，不过由于资金不足等原因，一直等到大四，他才注册成立自己的公司。他在厦门独资创办了国内第一家为IT市场专营提供软件服务的公司——锐业软服。此后不久，他聘任德国商会首席信息长官绍英先生，前往北京开设国际业务分理机构。目前，锐业软服已经成功地与德国几家大软件公司达成了合作协议，运营状况良好。

创业的哲理

如果你有一定的从业经验，有一定的资金积累，需要快速决断业务，需要一定的企业形象，那么可以考虑个人独资。现在的市场竞争，不全是大鱼吃小鱼，更多的是快鱼吃慢鱼，小企业在创业阶段需要快速决断，这是独资的最大优势。

需要提醒创业者的是，个人独资企业和一人公司是不一样的，下面我们来看一下各自的特点：

个人独资企业的特点是：一个人投资，不限制投资额；没有注册资本，不具备法律风险；企业名称不可以用“有限公司”“有限责任公司”字样；在税务方面如果是生产企业只能申请小规模纳税人（6%）；不具备公司章程。

一人公司的特点是：一个有限公司需要注册资本；企业名称后缀是“有限公司”字样；在税务方面，如果是生产企业，一人有限公司方可申请17%增值税；注册资本必须一次性验资到位，不可分期付款；具备公司章程及公司委派监事人。

所谓“一人公司”，其实是“一人有限责任公司”的俗称。“一人公司”虽降低了门槛，但监管上却更加严格。在注册资金上，10万元的“起步价”要一步到位。在经营管理中，“一人公司”还需要设立公司章程，提供独立的财务报表并接受每年度的财务审计。

41 合资经营要明确各自的资金和产权关系

和朋友合伙开律师事务所

创业故事

陆先生原先在复旦大学读物理专业，和现在的工作搭不上半点儿关系。其实是他自己对法律很感兴趣，所以一直在进修法律知识。毕业后他在复旦大学工作了将近20年，在这段时间里，由于一直在学习、听讲座，思想与潮流同步，他的思维也越来越敏捷，同时他感到学校终究不太适合自己，于是萌生了自己创业的想法，想与几个同学一起合作开律师事务所。

一开始，他的创业压力比较大，担心做不好，因为这还关系到家庭。但因为这是他的兴趣所在，而且又考虑过社会大背景的因素，所以最终他决定放手去做，开办了广厦律师事务所。那时候，国内刚刚允许私人经营律师机构，可以说他的创业选准了时机，所以现在他们的律师事务所运作得蛮不错。

之所以选择合资的创业形式，他的理由是开律师事务所不像其他行业可以一个人当老板，必须要几个人共同合作。但问题是学法律的人往往个人主观意识比较强，而且合作中一定会产生意见分歧，所以大家合伙干事就需要不断地磨合。在陆先生的事务所里，他和“铁杆”的哥们有时也难免会发生争执。小吵大吵是无法避免的，关键得看你如何巧妙化解分歧。最严重的一次，他被一个男生叉着喉咙逼到墙角，就因为他和对方的女朋友产生了争执，但没几天他们就和好如初了，毕竟大家都是为了做得更好。所以，不必想办法去避免冲突，只要想怎么做最好就行了。

创业的哲理

一般来说，个人小额资金创业的限制会比较多，因为个人的能力和精力毕竟有限。如果想要从事一些个人无法当老板的行业，就必须要与他人合作了。合资的好处是显而易见的，只是正如同上面所说，你与合作伙伴之间很有可能产生意见分歧，并且还不仅仅限于此，如果在利益分配、权责分配方面产生矛盾就更严重了。这些都是需要注意的。

如果你打算与人合资创业，那么遇事一定要有决断力。你们几个人可以分头行动，但凡遇到必须马上拍板决定的事情，你就一定要当机立断给出决定。这个决定虽然是一个人做出的，但它却要代表集体“合伙人”的意见。

42 从业经历是创业者得天独厚的资本

白手起家，打工不如创业

创业故事

李建华的公司开在中关村，而且在圈子里小有名气。他的主营业务是3个国际知名品牌的投影机中国区域代理，兼营软件开发，也承接多媒体电教室、会议室工程。从白手起家到现在的规模，他在创业路上努力拼搏了6年。

当初李建华在仔细分析了自己的处境之后，毅然决定创业。他认为，北京的打工族基本上是低收入高消费，如果月薪在5 000元以下，打工就不如自己创业。

从1994年到1996年，他在一家软件公司打工，一段时间之后，软件行业从需求、生产、测试到售后的系列流程，他都了解得很清楚。一次偶然的机会，他认识了一位广播电台的节目策划人，因为自己在这方面特别感兴趣，于是这两年里，他白天在软件公司上班，晚上到电台做编辑，他曾经成功地策划了一档十分受欢迎的节目。

1997年，李建华又策划了一个节目，得到节目策划人的赏识，希望他全职到电台工作。于是，他辞去了软件公司的工作，等着进入电台。但就在此时，电台人员调整，他的位置被别人给顶替了。之后，他的工作有点儿高不成低不就，于是，就想到了自己创业。

1998年，他用拼凑来的固定资产（估价21万元）和9万元现金，最终注册了一个30万元的公司。从公司成立起，他就和公司另一个股东开始了骑着自行车推销产品的销售员生活。

在经历了艰难的开始之后，他的公司终于迎来了转机。一次，一个朋友问他的公司是否可以帮他们的报告厅安装投影机，他就打电话给投影机的销售代理，说自己想做，签订了代理协议。后来他做成了这笔生意。那家投影机的代理开始经常打电话询问他最近有没有顾客，是否做了广告宣传等，他抱着试试看的心理，在《中关村商情》上做了半个版广告，结果便有顾客打电话来询问，这项业务就慢慢过渡成公司的主营业务。就这样，他的公司在满足顾客需求的基础上，成功地实现了转型，他的事业从此蒸蒸日上。

创业的哲理

创业必需的要素有三个：第一是创业者要有人格魅力。创业者是公司的领导人，有人格魅力才可以服众，最好是能让下属佩服和欣赏，这样才能留住人才。第二是诚信。现在大的环境还不是很完善，更需要诚信来维护良好的小环境，使公司在业内有良好的信誉。第三是相关领域的从业经验。虽然办执照时没有这项规定，但有相关经验或是经历丰富的人更容易成功。

然后，还要有外部的一些要素，比如资金和资源等。创业者在进入一个行业前，首先要衡量一下自己，看以上条件是否已经具备了。

创业导航：创业融资“八项注意”

创业融资是一件较为复杂的事情，事关很多细节，如果哪个方面做不到位，都会使融资走向失败。创业者要想融资成功，需要注意以下一些细节。

1. 过度包装或不包装

有些创业者为了融资，不惜一切代价粉饰财务报表，甚至造假，财务数据严重脱离了企业的基本经营状况。而有些创业者认为自己经营效益好，应该很容易取得融资，不愿意花时间及精力去包装企业，殊不知，投资方看重的不止是企业短期的利润，企业的长期发展前景及企业面临的风险是投资方更为重视的方面。

2. 缺乏长期规划

多数创业者都是在企业面临资金困难时才想到去融资，不了解资本的本性。

资本的本性是逐利，不是救急，更不是慈善。在创业之初，创业者就应该考虑融资策略，和资金方建立广泛联系。

3. 忽视企业内部整合

创业者融资时只想到要钱，却忽视了那些基本的工作，结果给融资造成了困难。因此，在融资前，企业者应该先将企业梳理一遍，理清企业的产权关系、资产权属关系、关联企业间的关系，把企业及企业业务清晰地展示在投资者面前，让投资者放心。

4. 融资视野狭窄

在为创业融资时，有些人只看到银行贷款或股权融资。企业融资的方式很多，不只是银行贷款或股权融资，租赁、担保、合作、购并等方式都可以达到融资目的。

在创业之初，创业者要想融到足够的资金，需要放开思维，采用各种可行的办法去融资。

5. 只认钱，不认人

在创业之初，有些创业者急于融资，没有考虑融资后对企业经营发展的影响，这样的融资往往会给企业带来很多后遗症。对于民营企业来说，融资时除了考虑资金问题外，还应考虑投资方在企业经营、企业发展方面对企业是否有帮助。只有充分考虑了这些，才能使融资更有利于企业的生存和发展。

6. 不建立合理的企业治理结构

很多创业者通过融资不断扩张自己的规模，而企业管理却越来越粗放、松散。随着企业的扩张，企业应不断完善自身的治理结构，使企业决策走上规范化、科学化的道路，通过规范化的决策和管理来规避企业扩张过程中的经营风险。

7. 低估融资难度

不要认为仅靠自己的小圈子就可以拿到资金，如果低估了融资的难度，对出现在面前的个别资金方期望过大，也往往以为靠企业主或内部管理人员的私人小圈子就可以拿到资金，就会很容易在融资过程中碰壁。

8. 不请专业的融资顾问

每一个创业者都有很强的融资欲望，但往往缺乏对融资的透彻理解。不要总希望打个电话就能让投资人把资金送到你的手中。也有些创业者把融资简单化，不愿意花钱聘请专业的融资顾问。

不少人认为融资只需写个商业计划书即可，于是图便宜随便找个机构或个人，甚至学生来写，也不管他是否有融资的经验和融资的渠道，只要价格低就好。这样做，往往不利于企业融资。企业融资是一项非常专业的活动，融资顾问要有丰富的融资经验，有广泛的融资渠道，对资本市场和投资人要有充分的认识和了解，要有很强的专业策划能力，要充分考虑到企业在融资过程中会遇到的各种问题及解决问题的方法。

第四辑
创业如何开源节流

创业要想获得成功，一个重要的环节就是努力降低成本。如果等到开支超过承受限度的时候才想到要降低成本，资金已所剩无几，就会出现杯水车薪、经营难以为继的窘境。

日本创业家中田修说：“有钱谁都会创业，关键在于没有钱怎么创业。”创业者要牢牢抓住成本费用这条生存命脉，杜绝一分一厘的浪费，将有限的资金用在最佳的项目上，把钱花在刀刃上，“节约闹革命”，渡过创业初期的难关。

43 成本优势的巨人是成本管理的侏儒

千方百计省钱的iContact公司

创业故事

23岁的赖安·艾利斯（Ryan P. Allis）和27岁的亚伦·豪克顿（Aaron Houghton）在大学时就有了创办iContact公司的想法，2003年他们正式创立了这家电子邮件营销服务公司。艾利斯回忆起创业初期的时光是这样说的："我们住在办公室里，睡在蒲团上，在一台烧烤架上做饭，吃掉了很多拉面。这是典型的创业生活体验。"他说，"我们竭尽所能地省钱、增加收入。"艾利斯说其中特别突出的一件事就是，在别人丢弃的办公椅包装盒里到处翻找购物凭单，只为了能凭此获得斯泰博公司（Staples，知名的办公用品商）提供的50美元折扣。

他们学会了谈判和讨价还价，从技术成本和商业账户收费到网页设计师以及印刷公司。"仅仅是某件东西上贴着个标价签并不意味着就没有还价的空间了"，艾利斯说，"他们能做的最坏的事不过就是告诉你'不行'，但太多的创业者甚至都没有问问是否还能还价。如果你是用现金支付，就更有利于讨价还价。"

另外他们还懂得寻求便宜的技术工具。有那么多的低成本和免费的软件解决方案，他们要做的就是去找出来。10年之前，在线营销工具非常罕见，而且价格非常高，现在这些工具越来越好用，也非常便宜了。他们用自己能找到的所有技术来低成本地构建和营销他们的业务——从博客到电子邮件新闻列表，用很低廉的价钱就拥有了许多和那些资金更雄厚的大公司一样先进的技术。

如今，iContact公司的年销售额达到了约1 500万美元。

创业的哲理

难怪iContact公司可以发展良好，从两人控制成本的方法就可以看出来。他们竭尽所能地降低成本，而那些都成为最初的利润。在创业过程中，更明智地花钱能帮你省下更多钱以发展业务。而且不仅要尽可能省大钱，小钱也要能聚少成多。

企业是以赢利为目的的社会团体，追求的是经营利润最大化，开展各项活动的最终目标是实现企业价值最大化，进行成本控制是实现这一目标的重要手段。而对于资金和经验都相对缺乏的中小企业来说，成本控制更是企业获得利润乃至关乎生存的关键因素。

降低成本可以提高赢利水平，增强产品的竞争力，扩大市场占有率。而要降低成本，就必须进行科学的成本管理。

44 节约1元钱等于挣了2元

福特精明的“吝啬”

创业故事

在创业之初，福特与一家配件商订购一批汽车零配件，价格质量谈好之后，福特要求对方用木箱对零售配件进行包装，以减少零配件在运输装卸中的损坏，并把包装规格详细告诉了对方。令配件商意想不到的是，福特对包装规格要求十分严格，木板箱的尺寸及厚度都有严格的规定。配件商虽然有些不满，但为了长期和福特做生意，他们只好按图纸的要求一一照做了。

货物送到以后，福特要求员工把包装箱轻轻拆开，不许弄坏任何一块木板，拆下来的木板立即送到新建的办公楼。原来，这批木板是用来装饰新楼地面的，所有的包装箱上的木板的尺寸和厚度，都是按新楼房间尺寸而设计的，这些木板为福特节约了近10万美元的费用。

一般人或许会把包装箱当成废品处理掉了，只有福特想出了这样的方法，把这笔钱折算成了利润，大大节省了企业的开支。所以说，对于企业而言，倘若你节约了1元，或许微不足道，但是当节约基数成万倍扩大时，增加的利润就不是一个小数目了。可见，福特的“吝啬”才是他管理的精明所在。

创业的哲理

一个企业在思考如何提高业绩的同时，抓好成本的控制也非常关键。赚1元钱也许要比节省1元钱更辛苦，因为赚1元钱也许要5毛钱的成本，而节省1元钱就相当于赚了2元钱。所以在思考如何开源如何扩大市场的同时，也要抓好成本控制。只有在各个口子上树立起了成本控制意识，从节省一度电、节省一滴水等细节入手，才能有效控制成本，获取更多利润。

创业者的资金通常是有限的，必须严格控制一切费用支出，杜绝浪费企业的一分一毫，对每一项细小的地方都逐项控制，对每一项大额支出都严格审批。管好、管住每一笔支出，最大限度地节省成本。把钱用在最有效果的地方，利润就会增加。

45 涓涓小钱，汇成财富江河

华为：不以小利而不为

创业故事

1987年，43岁的退役解放军团级干部任正非，与几个志同道合的中年人，用凑来的2万元人民币创立了华为公司。

创立初期，华为靠代理香港某公司的程控交换机赚到了第一桶金。此时，国内在程控交换机技术上基本是空白。任正非敏感地意识到了这项技术的重要性，或许这就是他的财富之源。于是，他将华为的所有资金投入研制自有技术中。此次孤注一掷没有让任正非失望——华为研制出了C&C08交换机，由于价格比国外同类产品低2/3，功能与之类似，C&C08交换机的市场前景十分可观。成立之初确立的这个自主研制技术的策略，让华为冒了极大的风险，但也最终奠定了华为适度领先的技术基础，成为华为日后傲视同业的一大资本。

但是，当时，国际电信巨头大部分已经进入中国，盘踞在各个省市多年，华为要与这些拥有雄厚财力、先进技术的“百年老店”直接“交火”，未免是以卵击石。最严峻的是，由于国内市场迅速进入恶性竞争阶段，国际电信巨头依仗雄厚财力，也开始大幅降价，妄图将华为等国内新兴电信制造企业扼杀在摇篮里。

任正非选择了一条后来被称之为“农村包围城市”的销售策

略——华为先占领国际电信巨头没有能力深入的广大农村市场，步步为营，最后占领城市。

国际电信巨头的分支机构最多只设立到省会城市以及沿海的重点城市，对于广大农村市场无暇顾及，而这正是华为这样的本土企业的优势所在。另外，由于农村市场购买力有限，即使国外产品大幅降价，也与农村市场的要求有段距离，因此，国际电信巨头基本上放弃了农村市场。

事实证明，这个战略不仅使华为避免了被国际电信巨头扼杀，更让华为获得了长足发展，培养了一支精良的营销队伍，成长起来一个研发团队，积蓄了打城市战的资本。1999年，华为员工达到15 000人，销售额首次突破百亿，达120亿元。截至2016年底，华为有17万多名员工，华为的产品和解决方案已经应用于全球170多个国家，服务全球运营商50强中的45家及全球1/3的人口。2016年8月，全国工商联发布“2016中国民营企业500强”榜单，华为以3 950.09亿元的年营业收入成为500强榜首。

创业的哲理

华为的成功，在于任正非善于找到生财之源，并且能够抓住投资的良好时机，不以小利而不为，一步一个脚印，逐步发展壮大起来。同样是2万元，如果不用于投资创业，它可能永远是2万元，而在找到生财之源之后，它却铸就了今天拥有上百亿资产的华为。

我们这个时代，潜藏着种种生财和成就事业的机遇，追求时尚的消费心理和新生活方式对消费市场的需求，就是产生机遇的依据和动因。抓住了这些机遇，就有可能掘开一个个财源。关键在于，创业者要找出这些需求，挖掘出你的财源，并且紧紧抓住。在遇到困难的时候，想办法解决而不是退缩，这样你的创业就不愁不成功。

46 创业要准备充足的粮食过冬

与现金流的生死搏斗

创业故事

她是一名弱女子，却打算创业开办家具厂。虽然有着五年经营家具工厂的经验，有八年财务管理的经验，也有国际市场的经验和知识，但是没有现成的市场，没有现成的供应商，也没有愿意跟她一起干的团队，一切都必须从头来。

她做了一个预算，认为只要产品好，价格好，原来认识的客人及新的客人就会找上门来，于是就毅然决然投资，开办了她自己的家具厂。

然而，她发现创业根本不像她想象的那么容易，因为她的团队成员都不懂如何做家具，更不用说开发产品。她原以为自己懂得如何生产家具，因为经她手出货的家具有几万件，但她发现只有明确每一个程序才能做出一件家具来，而她并不具备这个条件。

客人原本说要来，但是，都不来了，因为她没有任何拿得出来、值得骄傲的产品。这时候，资金已经花光了，工厂只有生存下去，才谈得上对后续发展策略做出抉择。幸好有朋友看好他们的管理理念和发展计划，这样，工厂吸收了他们的投资，获救了。然而原来认识的客人说要来工厂，却不来了，大概对他们的产品已经下了定论：不尽如人意。所以，她再次处于现金流的危机包围中。

要突破现金流的包围，必须重新找市场而不是继续找投资人。所以，她开发出他们的专利产品来：把家具拆成标准件生产和销售。其他工厂只卖家具，而他们可以卖扶手、靠背、座框等等。拆装的目的并非真的只要卖扶手或靠背之类的部件，而是为了节省运费，方便运输和便于大家具进入小门和小的过道；继而把所有人造板改造成实木结构。之所以这样改，是能够确保环保优异的环保标准，即零甲醛释放量；为了进一步确保性价比优势，他们把家具骨架做得光滑紧凑、漂亮整洁……

然而，有专利产品不代表着马上就有市场和销售。所以，虽然现金非常紧张，他们还是拿出几万元参加了家具展。展会上，他们的产品备受客人和同行的关注。但是虽然他们的产品外界评价非常好，可客人一般需要几个月甚至半年时间才能够启动推广这个新产品的项目。所以，她仍无法从现金流的围困中解脱出来。

有客人为了表示支持和鼓励，借给他们一些钱，缓解了燃眉之急。然而，没钱仍然是不容争议的事实，他们仍然处在与现金流的生死搏斗之中，这时她几乎要决定卖掉房产以拯救面临困境之中的公司。幸好有一些对他们产品有信心的客人，交给她一笔救命的订货押金，这下，公司终于有钱周转了！她也总算可以缓一口气了。

创业的哲理

发生在女主人公身上的事情总在一遍遍地重演，但别人未必有她那么幸运。一旦流动资金不足，再好的项目也只能眼睁睁地看着泡汤。所以，小额资本创业者一定要注意准备充足的现金作为流动资金，不要在创业的过程中总是与现金流进行殊死搏斗。

创业者应该把自己的所有现金和能够变现的资产分为三份：第一份用于先期投资（含流动）。第二份用于追加（因为企业运作过程中有许多不可预测的因素），你应该明白追加用完就意味着你彻底没有钱可投了。你最多只能走到这步，不要寄希望于借钱。无论是向银行还是朋友借，弄不好都可能使你负债终生。第三份是你的生存钱。即使失败，你不至于连饭都吃不起，你能维持生存就可能东山再起。你能生存不靠举债度日，在别人眼里你还有实力和面子，朋友还会帮你，这个外表也是很重要的。

要知道，几乎所有的订单都必须是先付款购买材料，再出货收款。而且你的顾客或者供应商不一定愿意与你按月结算，再加上许多企业都要低利润生存，这些都有可能使你的现金流状况雪上加霜。所以，为了不让自己陷入举步维艰的局面，一定不能忽视流动资金。

47 大量成本开支会拖垮公司

公司是怎样被拖垮的

创业故事

2004年中旬，李小丁因为第一个享受到南京大学生就业相关优惠政策而名噪一时。后来情况怎样？李小丁告诉记者，他已经不再做具体业务了，只偶尔在网上接一些单子。看来，李小丁的创业经历并不是一帆风顺。让我们来看看他创业一年多的酸甜苦辣，让更多准备创业或刚刚开始创业的人知道，应该要注意些什么。

当他决定去创业时，最大的问题是启动资金，他征得母亲的同意，用自家住房卖了20万元作为第一笔启动资金，成立了南京怡然科技有限公司，从事计算机培训和网上笔记本销售业务。创业初期，李小丁认为低价营销是竞争初期最有效的武器，他就把计算机培训课程价格定为50元/半个月，学员每天可以上机练习，还能免费获得一本教材。一开始反响不错，生源也很可观。很快，李小丁的公司在南京计算机培训领域渐渐闯出了名气，不久还开办了一家分公司。除去成本，赚的钱并不多，但他总算是看到了希望。

但当公司各项工作深入进行下去的时候，他发现自己开始有些掌控不了局面，各种细节上的差错会因为问题无法及时得到解决而迅速膨胀。出了问题，顾客当然不会买账，而且更要命的是当其中任何一个环节出现了问题，后面就会出现一连串的问题，让他应接不暇。

创业前一定要想到如何做才能不亏钱，李小丁总结说，经营过程中有一项工作是非常必要而且很关键的，那就是学会控制成本。否则，大量的开支会拖垮刚刚起步的公司。南京计算机市场主要集中在珠江路和鼓楼区的各大高校周围，为了避开竞争，他选择了新街口商业中心，最后导致了房租成本过高。房租、计算机设备更新、水电费用、广告投入、教材成本、人力资源成本，等等，没有经验是很难做好的。以打电话为例，固话月租35元，为了控制这个成本，他全部改用了小灵通，这样每月可以节省不少钱。以前可以眼都不眨一下花掉1 000元钱买一些并不是很需要的东西，当了老板之后发现完全不行。

创业的哲理

刚起步公司的失败有着诸多的原因，管理不善、业绩不佳、资金不足、成本控制不力等都有可能是罪魁祸首，其中尤以成本控制不力最为常见。以李小丁的培训公司为例，我们可以简要了解到一个刚起步公司主要的成本支出，想要创业的你，一定要弄清楚自己在哪些方面需要支出成本，哪些方面可以节约成本。

48　再小的买卖也要有本账

从账本中读出来的开店生意经

创业故事

小杨和小马一直珍藏着他们当初开店用到的记账本。说是记账本，其实就是两个很普通的笔记本，账也记得不那么规范。无非就是一天卖了几张桌子、花了多少钱等。但简单归简单，账本上每一笔都记得十分认真。

小马有自己的工作，收入稳定，工作时间也有规律，业余时间还算充裕。2005年6月，女朋友小杨从干了三年的超市辞了职，小马和小杨开始琢磨生财之道。后来在朋友的介绍下，小马看中了某品牌的学生桌。“如果在小区和学校多一些的地段开家专卖店，生意肯定不会错。”

选定项目之后，他就开始马不停蹄地找店面。几经周折，终于在几个小区边上找到了一个小门脸，“旁边还有一所小学和一所中学，应该是比较理想的店址。”选好了店面，小杨和小马开始和房东谈价钱。“我当时有1 300元钱，她手里有1 000元钱，总共就这么多。”小马说，两人在找好了店面之后才开始考虑资金问题，算下来第一笔启动资金只有2 300元。而最终谈下来的店面租价是每个月900元，而且房东要求一次付清两个月的房租和一个月的押金，总计2 700元。“拿着2 300元就开店，你可能都想不到，但我们就是这么干的。”

这才仅仅是个开始，随后又有一些陆续不断的投入。两人又东拼西凑了几千元，开始着手进行店面装修。为了省钱，房子粉刷等简单活都是请朋友来帮忙干的，5个人整整干了10天。2005年7月10日，小杨和小马的学生桌专卖店开张了。账本上显示，开业第一天卖出学生桌一台、椅子一把、护眼灯一盏，收入420元。

淡季的那几个月，平均每月只有1 000元的利润，除去一些必要开支，基本上所剩无几，但不管怎样都得坚持下去。慢慢地，随着账本数量的增多，他们对这个行业日渐熟悉，知道了哪些商品销量好，什么时候是黄金季节，再加上注意研究顾客心理，揣摩经商之道。他们的生意日渐兴隆起来，规模也越来越大，早已不是当初那家小店了。

创业的哲理

创业过程中，随时都要用到钱，总是感觉钱不知不觉间就花光了，你不妨试着从记账开始，唯有清楚金钱的流向，确切地掌握支出的各项细节，创业者才能明白，合理地支出。而且创业时用记账的方式让自己了解成本、利润，一年或一季定期检视获利状况，还可以避免盲目扩张。

一般来说，稍微大一点的企业都会毫不犹豫地聘请会计人员来管理账目。这个原本不需赘述，但许多小额创业者却忽视这点，尤其是打算开个小店的创业者，认为收支自己心里有数，不需要记什么账。这种想法，肯定是错误的。麻雀虽小，五脏俱全，小企业日常运营的各项收支，同样要有清晰的账目。除了全面掌控经营状况之外，还要考虑成本核算、税务筹划、资金管理等项目。不管怎样，再小的买卖也要有账本，你不一定非要请专门的财会人员，也可以考虑代理记账业务，或者使用记账软件等。

49 创业要有那么一口饭让自己存活下来

800万元都去了哪里

创业故事

创业前，郭先生曾经担任过首席财务官的那家民企，鼎盛时期在业内名列前茅，年销售额近8亿元。后来老板撤资不干了，无奈中，他就和该公司的总经理、营销副总三人组成了创业团队，注册了新公司，注册资本500万元。原总经理是第一大股东，占60%股份，做法人代表；他是第二股东，占30%股份，主管行政财务；那位营销副总占10%股份，仍管营销。他们三人带领着原企业主要骨干人员，在同一行业内开始了创业。

然而500万元资金居然在不到8个月的时间里就耗得差不多了，随后企业每个月以20万元的额度亏损！怎么办？三个股东协商后，决定继续按股份比例投资弥补亏损。于是，郭先生每个月从家里拿出6万元补亏，大概持续了将近一年。他几乎把家里的钱花光了，却还见不到曙光，企业继续亏损。夫人不干了，给他下了最后通牒。

郭先生感叹，过去他做财务总监给老板打工时，帮着老板融了不少资金。可千万元的资金，一转眼三下五除二就被老板花没了，而正经活儿还没干呢。当时他就心想我要是做了老板，一定把钱用在该花的地方，踏踏实实地做事。然而，创业之后他充分理解了原来的老板：作为创业者，要花钱的地方太多了！每一笔钱都该花，老板紧抠慢抠，钱还是很快就没有了。真是不当家不知柴米贵，不做老板不知道什么叫花钱如流水啊！

当初老板要撤资，他们三个死劝活劝，可就是不行，老板坚决要撤资。最后他们三个一商议：老板不干我们干！本来平时的活儿就是我们干的，原班人马，原来熟悉的市场，不就是流动资金吗！在他们的计划中，半年就会有正现金流，500万元的投资，含着丰足的备用金，无论如何花都能把公司开起来！可没想到，20个月，500万元花完后，他们三个又投进去将近300万元，几乎全打水漂了！虽然有些收入，但少得可怜。他们后来遇到经营困难时，也总结反思当初老板为什么要撤资，估计是这个行当太不好干了，不确定性因素太多了。但真正的原因，他们始终搞不清楚。

创业的哲理

等你自己做了老板才知道，开公司花钱就像是关不上的水龙头，无论如何也止不住水哗哗地流。创业英雄们失败的原因太多了，但几乎都有一个共同的原因，就是现金流接续不上。许多创业者都感慨创业成本实在太高了，高到不能简单地用金钱来衡量，而最终又都转化为钱，化为创业的直接成本。

有些创业者会充满遗憾地说：就差那么一点儿钱，当时要是有那么一点儿钱，就会完全是另外一番光景。言外之意，就是人快饿死了，给他口饭吃也许就会活过来。但是谁能保证就不会再有挨饿的时候？当再饿的时候谁又能保证刚好还有那么一口饭呢？其实做企业，就是要做到当企业每次挨饿时，都有那么一口饭让企业存活下来。你不能保证自己挨饿的时候总会有人帮你，就必须自己努力不挨饿，也就要尽量清楚自己的现金流向。

50 一块钱要发挥100%的功效

创业投资，好钢用在刀刃上

创业故事

在成都，有一家由温州人开设的专门批发皮货的商店，它有一批固定的顾客。开始，店铺规模很小，有个成都老板每次都是骑着自行车来，进几千元的皮货。一年后，这个温州人的店面扩大了，成都老板也换了摩托车，但他还是进几千元的货。又过了两年，温州人的店铺扩大为皮货批发商场，此时，成都老板开了小汽车来进货，但进货量仍然没有增加。又过了两年，成都老板因为竞争激烈破产了。而温州老板则成了装备有意大利最先进生产线的鞋厂厂长。两人聊天，温州老板问：“这些年你赚的钱都哪里去了？”成都老板回答：“你没见我换了摩托，又换了汽车吗？前段时间还买了套新房，花了20多万元。”温州老板笑笑：“我把你买车的钱用在了购买设备上，买房的钱用在了扩大生产上。”

创业的哲理

这就是典型的会花钱与不会花钱的不同结果。创业之初，总把钱花在没用的地方，等你真正要用钱的时候就会捉襟见肘，其后果就是令企业面临经济困境。创业者要对每一笔开支都能做到心中有数，明确企业支出的费用都“费”到哪里去了，并制订好开销计划，用好每一笔钱。

创业初期，创业者手头可支配的资金一般不会太多，一定要牢记“好钢用在刀刃上”这个原则。

把钱花在刀刃上，它就能发挥出最大的价值，进而创造出更多的财富。反之，不仅会造成浪费，有时甚至还会造成负面影响。在成功者的观念里，每一分钱都要花得有理有据，不能随意浪费。即使是花一块钱，也要让这一块钱发挥100%的功效，决不花冤枉钱。

51 利润是一点一点节约出来的

创业艰难，省了就是赚了

创业故事

像很多同龄人一样，梁净在大学毕业后就加入了找工作的大军中。在很多同学选择南下的时候，他选择了北漂，在北京找了一家弱电公司做技术，公司的老板和他年龄相仿，大家平时都一块儿玩，后来他认识了老板的一个大学同学，也是他后来的公司合伙人，大家在一次长谈后，决定一起做网络视频会议，创业之路从这里开始了。

公司做了一年多之后，他们有了小小的赢利。在欢喜和庆祝的同时，他和合伙人也开始对创业以来的日子进行总结，也对公司发展做进一步的思考。

他最大的感触是：节约成本等于创造利润。以前他一直觉得浪费几度电几张纸并不是什么大事，直到自己真的创业了才深切体会到，对小公司来讲，每一分钱的节约都太重要。在公司刚刚开始运作的时候，他们四个人（梁净、合伙人、还有另外两个员工）就配了四台PC和两台笔记本，一台激光打印机。六台计算机一台打印机都整天开着，包括办公室的灯，他们这群小伙子经常是下班离开了却忘记关，一开就开一宿。直到交电费的时候，梁净才发现他们公司的电费整整是隔壁公司的两倍！他们这时候开始意识到，在某种意义上讲，浪费是小公司赢利的大障碍！

降低成本就是相对地提高了利润，于是公司开始注重节约成本。不用的电器及时关掉是必须的。除此之外，他们把两台计算机转了出去。本来他们用的是HP2014的激光打印机，但是那款是黑白打印机，公司需要彩打的时候都要去外面的打印社，很不方便，所以有必要购置一个彩色打印机。但是激光打印机的价格跟耗能实在是太高了，就买了一台与激光打印速度差不多的爱普生喷墨打印机C110，喷墨打印机能耗真的比激光打印机节约很多，C110工作一天的耗电比2014一小时耗电量还小，墨盒也比硒鼓便宜很多。这样算下来真是节约了不小的一笔开支！另外，他发现喷墨不像激光打印机那么挑纸，用过的纸还能再用，大家打印不是很重要文件的时候，都会用使用过纸张的背面。每周竟然也节省了一包复印纸！同时办公室采取值日制，责任是关灯关计算机关打印机，一个月下来至少能省10%的电费。创业艰难，省了就等于挣了，而且还是净利润。所以，当然不能小觑这份精打细算的价值。

创业的哲理

小公司在创业之初要想生存必须要资金、利润，千万不要小瞧节约的作用，相信以上的案例对于不屑节约的创业者有很大启示。

利润不只是生产和销售部门的事，而是企业内所有部门和人员的事，任何部门和人员都与企业利润息息相关，例如采购环节的原料价格的控制，库存物品的周转利用，办公用品的节约等都影响着公司的利润。作为公司的每个成员，都要树立起强烈的利润意识，充分认识到个人活动与公司利润的因果关系，努力为公司创造利润，竭力防止利润下滑。

企业的利润就是一点一点节约出来的。麦当劳是举世闻名的大公司，尚且能够在日常的经营管理中从点滴做起抓成本控制。对于我们小资本创业者来说，从小处着手采取节约措施，就更是意义重大了。创业之初一般都是本小利薄的生意，更应注意一点一滴地采取节约措施。而且创业者不能只要求和强调别人来节约，自己平时更要养成节约的习惯，大家齐心协力，集腋成裘，会更有利于企业的生存。

52 薄利多销，却不一定赢利多

卖得多不如赚得多

创业故事

C公司是一家以生产中低档酒产品见长的地方名牌产品，可近年来，随着白酒市场竞争的白热化以及上游原材料价格的不断上涨，特别是相关运费等的一路上升，市场运作空间以及企业利润一直在“缩水”。2005年该企业开发的近50个市场当中，80%都是不赢利的，甚至50%的市场是“赔钱赚吆喝”，企业真的是步入了一个市场拓展的“瓶颈”期与困惑期。市场是开发出来了，可操作起来没有利润，这样的市场还有没有存在价值？这样没利润的市场“大旗”到底还能扛多久？

这样的错误并不是只有刚刚创业的人会犯，甚至连宝马这样的大企业也不例外。在与竞争对手的较量中，宝马虽然赢得了销量，但是却输了利润。2006年宝马全球销量增长了3.5%，达到137万辆，而根据宝马集团的计划，到2010年，宝马集团的销量要达到160万辆，这几乎是宝马集团2000年的两倍，但是利润却并没有同步增长。2006年宝马集团运营利润反而下降了0.8%，降至41亿美元，而运营利润率从2005年的6.7%降至6.4%，宝马集团的运营利润率在2000年时曾高达9%。

奇瑞汽车也同样如此。它的销量增长了近10万辆达到18万辆，跻身行业第六，而且以1.8万辆的出口量，连续4年蝉联中国轿车出口冠军。但利润却由2004年的1.88亿元下降至2005年的9 500万元，单车利润只有500多元。据分析，这是由于奇瑞汽车的销量中微型轿车QQ占到了60%以上，而微型车恰恰是最不赚钱的车型。奇瑞经销商在2005年的赢利能力也不佳，这成为未来制约奇瑞发展的一个隐忧。所以，看到卖得多就高兴还为时尚早，赚得多才是硬道理。

创业的哲理

在我们的工作、生活中，经常以一些指标来衡量企业的业绩，人们津津乐道于行业老大、市场占有率老大、销售额老大等，其实指标完成了，并不见得就有利润，有的企业从指标上看是一片欣欣向荣，然而繁荣的背后却让人隐隐担忧——利润不高，踏进了指标年年长，日子岁岁紧的怪圈。

绝大多数创业者在创业时的目标都是原始资本的积累，所有能够给企业带来利润的行为或活动都是创业者所追求的。我们往往希望从数量上击败对手，却忘了卖得多不一定赚得多，薄利肯定多销，但是却不一定赢利多。而且薄利多销只能用在打持久战的情况下，并不适合短期经营。小企业要想在短时间内生存下来，一定要有利润的支撑，否则很有可能熬不过创业开始的寒冬阶段。

创业导航：创业初期如何降低成本

创业期间，公司很有可能会发展缓慢，因此，如果能用一角钱做好本应一块钱才能完成的事情，那么这就是一个巨大的优势。以下为大家提供一些降低成本的窍门：

1. 选择价格合适的办公地点

工作地点通常会决定工作效率，但是你也可以在工作地点上凑合一下。在创业阶段租房子的时候，也可以和房东谈判，看能否免去创业初期的房租。针对创业一年以内的公司，很多写字楼都愿意降低房租，甚至免去房租，目的就是吸引更多公司，将写字楼租出去。

2. 减少设备费用

下至文件夹上至计算机，都属于办公设备，从电话费到公司顾问费用，都属于工作服务费用。所有这些项目，它们的成本都有降低的空间。可能的话，可以大批量购买办公设备。能租就租，能不买就不买。尽可能将设备和服务都变成可变成本，这样就能够降低固定成本，而且如此一来，只有收入增加时，整体成本才会上升。

3. 把握好会计成本

一般的创业者，很容易忽视资金问题上的会计成本，有可能导致将来出现财务危机。创业者虽然满腔创业热忱，但如果缺乏理性思考和周全的计划，认为赚钱非常容易，在计划上低估了会计成本，将会给企业带来很大危险，那会给创业者带来营运上的周转不灵，资金不够用。所以，一定要恰如其分地计算出会计成本，之后就不能随意改动。也不能把成本弄得过大，因为创业初期赚钱较难，成本太大，使得收回本金的机会减少，打击创业信心。

4. 增加现金流入

在增加现金流入方面，除了想方设法提高销售额之外，还可以通过提高顾客付款速度来实现。例如，让顾客30天内而不是60天内付款，就可提前30天收回现金，加快资金周转速度，会给急需现金的新创企业带来意想不到的好处。

5. 计算好毛利

创业者通常容易在计算毛利上犯两个较极端的错误。第一种就是对自己的产品没有信心，害怕与人竞争，将毛利订得很低，很可能出现商品卖光却无利可图的现象。另一种就是由于不了解市场规律，希图赚得越多越好，将毛利订得很高，导致商品卖不出去，形成积压，由于没有生意，利润也就无从谈起。因此，要恰当地掌握好自己的收支平衡点，对自己的资金支出与收入有较清醒的认识，这样才能定以合理的利润率，使自己的生意一帆风顺，保持资金流转畅通，让创业成功的机会大大增加。

6. 慎重使用宣传费用

另外，在宣传费用上面，一定要慎重，宣传虽有必要，但企业真正成功并不靠它，所以在创业之初不要花大量的钱搞宣传，以致拖垮企业，要知道，宣传费用产生实际效益是要花很长时间的，所以，宣传只要到位就行，不能影响到资金的流转。

要想将起步阶段的成本降至最低，除了上面介绍的几点之外，还需要创业者不断反思、发挥创造力。随着企业的发展，你就会发现，早年掌握的这些技巧将能大大推动企业的日后发展和成功。

第五辑
市场竞争与合作

优胜劣汰是商业丛林的永恒法则。创业，就要面临瞬息万变的局势考验，就要面对强手如林的对手竞争。在产品日益同质化、市场竞争白热化的现代市场，创业者只有勇于竞争，大胆突破过去的框架，不断求新求变，才能突破重围，挺立商海潮头，立于不败之地。

竞争不可避免，但竞争并不是说要与对手拼个你死我活、鱼死网破，这样往往会导致两败俱伤，双方都受到损害。没有永远的对手，只有永远的利益，竞争不排斥合作。在竞争中合作，在合作中竞争，让自己变得更强大。

53 创业要依靠拳头产品起家

重拳出击，谁与争锋

创业故事

奥利维埃·勒热纳出生在法国。1985年，18岁的奥利维埃正在上中学。这个从小就迷上电脑的小伙子设计制造出一种新的调制解调器，并且以每件1 990法郎的售价打进了市场，而当时那些大公司的同类产品价格高达近1万法郎。不久，奥利维埃中学毕业，为庆贺他会考成功，父母送给他一件十分独特的“礼物”——为他的产品在专业刊物上登载了整整两版广告。随后，订单纷至沓来，在母亲的帮助下，奥利维埃成立了一家公司。

然而，1990年，正当事业蒸蒸日上的时候，奥利维埃却在一次飞机失事中不幸丧生，年仅23岁。他的母亲忍痛接过了儿子的事业，这位谙熟大型商业企业运作流程的母亲，首先将产品打入当时尚未采用信息技术的家乐福、大陆、奥尚等法国著名的超市集团。后来，公司又向国际市场进军，逐步把业务扩展到加拿大、英国、德国、西班牙、瑞士、荷兰和中国香港等国家和地区。

为使产品多样化，开拓新的市场，公司目前正在开发其他信息技术产品，但调制解调器一直是它的“拳头产品”。

1998年，仅有百名职工的奥利维埃技术公司实现销售额近2.6亿法郎（约合人民币3.65亿元）。该公司从1996年开始将其生产的调制解调器推向国际市场，到1998年，仅仅3年时间就使出口占销售额的1/4左右，加拿大一家公司曾一次订货达15万件。

所谓“拳头产品”，并不一定是高科技产品。这从下例便可看出。

在法国东南地区的工业重镇里昂，有一家机械制造厂家——雷普公司。20世纪60年代中期，应顾客的要求，雷普公司开发出一种全新的注胶机制造工艺。运用这种工艺制造的注胶机一上市便引起轰动，大获成功，成为公司的“拳头产品”。自此，该公司放弃了其他产品的生产，集中力量专门制造注胶机。

雷普公司虽然只有职工20多人，但是现在已成为世界第一大注胶机制造商，产品行销世界50个国家和地区，拥有顾客上千家，控制着全球同类产品市场的1/4。1997年，公司的销售额达3.7亿法郎（约合人民币5.2亿元），其中出口占80%。就这一比例而言，完全可以与那些实力雄厚的跨国公司相媲美。

创业的哲理

奥利维埃技术公司和雷普公司的成功之路就极具典型意义。大多数人在创业时期忽略了一个基本事实，即企业的崛起需要拳头产品打天下。他们总想追求产品的多样性，殊不知产品得到市场认可是靠质而不是靠量取胜。当今社会，每年都有大量企业在创建，同时也有大量企业在倒闭，其中大部分是中小企业。

在激烈的市场竞争中，中小企业的优势并不在于财力，而在于其本身的“质量”，“质量”好坏的关键之一就是能否开发出自己的“拳头产品”。

54 创新是做大公司的唯一道路

苹果：从小作坊到大企业

创业故事

1976年4月，26岁的史蒂夫·沃兹尼亚克和21岁的史蒂夫·乔布斯从大学中途退学，创建了苹果计算机公司。

第二年夏天，沃兹尼亚克开始设计苹果II型计算机。这一回，他的目标是要把个人计算机变成具有专业水平的实用设备，他的技术创新是苹果II型取得成功的关键因素。

麦克纳不愧为营销高手，他为苹果计算机公司设计出了著名的苹果商标。这个缺一块的苹果，比完整的苹果更能抓住人们的视线，使人记忆更深刻。而且，麦克纳还建议放弃传统微型计算机以金属为外壳的模式，将苹果II型安装在米色塑料外壳中，既降低了造价，又使产品更有现代味道。这无疑是一个出色的促销计划。

苹果II型是第一台具有彩色显示功能的计算机，它还可以直接接在电视上，节省了顾客购买彩色显示器的额外开支。1977年6月，苹果II型刚刚上市，就使苹果计算机公司的产值突破了100万美元。靠着苹果II型机的强大冲击力，苹果计算机公司成为美国发展最快的计算机公司。到1978年底，全国已有300多家苹果计算机代理商。

拥有更大存储空间、更简便的启动系统以及打印机的苹果II型加强机在1979年掀起了更大的购买热潮。这一年底，公司的销售额比去年增加了400%，平均每天销售出100台计算机。在1980年5月推出的“苹果FORTRAN”语言，使苹果计算机公司除了在硬件上拥有领先地位外，又增强了在软件方面的实力。

1980年12月，苹果计算机公司走上了公营股份制道路。1981年，公司把用于研制开发的经费扩大了3倍，达到2 100万美元，突破点从耗资大、风险高的系统革新转移到软件和硬盘这类投资少、见效快的局部革新上。公司连续上市了40余种实用软件程序库，并推出了存储能力远远超过软盘的硬盘系统。

为了与强大的IBM公司争夺个人计算机市场，1983年苹果计算机公司推出了“利萨”计算机。“利萨”计算机引入了鼠标器，它可以使用户根据显示屏上的图像提示，自由选取自己需要的功能，摆脱了对键盘指令不熟悉的心理障碍，增强操作信心。

1983年4月，乔布斯请来了前百事可乐公司总裁斯卡利出任苹果计算机公司总裁，希望利用其丰富的营销经验来拯救形势不妙的苹果计算机公司。斯卡利针对“利萨”暴露出的问题进行大规模改进，首次引入3.5英寸软盘取代5.25英寸软盘以提高信息存取速度，增强联网能力。

经过一系列改革后，苹果计算机公司在1984年推出了“利萨”改进型计算机“麦金托什”。斯卡利在全美推出了一项前所未有的促销行动，在“尝一尝才知道苹果的滋味”的口号下，苹果计算机公司允许顾客把“麦金托什”带回家试用24小时，再决定是否购买。这项活动一推出，就有20万人踊跃参与。“麦金托什”上市100天，售出7万台。在此后的6个月中，苹果计算机公司又对“麦金托什”做了进一步的功能扩充，包括双软驱动器、硬盘驱动器、激光打印机等。

虽然“麦金托什”使用简便，但系统软件与风靡市场的IBM公司计算机不兼容。到1988年底，能与IBM系统兼容的“麦金托什”销售量突破100万台大关，其产值占公司总产值的70%。苹果计算机公司靠“麦金托什”迎来了新的发展。

1993年，乔布斯关闭NeXT的硬件部分，斯卡利离开苹果公司。1995年，《玩具总动员》一举成名，并进入股市。1998年，苹果公司的iMac机型成为美国最畅销的个人电脑。1999年，苹果公司推出iBook、G4和iMacDV。2001年5月，苹果公司推出新款iBook，并宣布苹果产品要成为数字化生活的核心。2001年10月，苹果公司推出第一款Mp3播放器（iPod）。2004年12月，苹果电脑公司展示了新型的iMacoch G5计算机，它不但拥有高性能的G5处理器，并且将一台完整的计算机系统装入厚度仅为5厘米（2英寸）的空间中，成为当之无愧的世界上最薄的台式机。

苹果电脑公司始终没有停止技术创新的脚步，公司采取的营销策略也在不断革新，也正因此，它从创立到现在一直走在同行业的前列。

创业的哲理

技术与营销是贯穿苹果计算机公司发展始终的主基调，公司的技术人员与营销人员，如同两位小提琴手，在市场这个指挥家的指挥棒下，奏出了精彩的发展乐章，苹果计算机公司也因此从小作坊发展为大企业。不懈地进行技术创新和有力的营销策略，是每个想要成功的企业都必须遵循的原则与实施道路。

55 不走寻常路，才能开辟新路

沃尔玛：反其道而行之

创业故事

当沃尔顿与其合伙人已有15家富兰克林10～50美分特许商店时，一种新的业态产生了，即在城区出现的早期折扣店。沃尔顿以其独到的敏锐眼光看到，类似的商店可能在农村和小城镇市场有发展潜力，但他向合伙人建议在小城镇开办折扣店的设想遭到了拒绝。按美国零售业经营常识，在人口不到5万人的小城镇开办折扣店是行不通的，但沃尔顿却以惊人的魄力打破了惯例。1962年，沃尔顿与其兄弟一道开设了第一家沃尔玛折扣店，此后便不断扩张，渐成燎原之势。

当连锁之风盛行全球，传统连锁店将经营、定价、促销权高度集中在公司一级时，“沃尔玛”又一次开创性地反其道而行之。沃尔玛物流管理中心的交叉装卸法，就是将需求控制逻辑倒装过来，令顾客在其所需的时间和地点拉动产品，从而真正达到最有效的满足顾客要求。

沃尔顿的打破惯例，还体现在最新的科技和信息系统的广泛应用上。沃尔顿早年服役于陆军情报团的经历，使其特别重视信息沟通。事实上，在“沃尔玛”那个庞大的集团式购销网络中，卫星通信和计算机管理所代表的信息化高科技联络方式起着举足轻重的作用。20世纪80年代初，当其他零售商还在钻“信息化”这个问题的牛角尖时，“沃尔玛”便与休斯公司合作，花费2 400万美元建造了一颗人造卫星，并于1983年发射升空和启用。“沃尔玛”先后花费6亿多美元建起了目前的计算机与卫星系统。借助于这套高科技信息网络，“沃尔玛”各部门的沟通、各业务流程都可迅速而准确畅通地运行。

时至今日，“沃尔玛”仍在以其独特的活力和惊人的速度迅速发展。太平洋联系公司总经理马丁·特安齐所做出的这样一句评价是中肯的，“就像它在美国国内已经做到的那样，沃尔玛公司将改变世界零售业的局面。”

创业的哲理

在农村开设折扣店，沃尔顿的做法很好地体现了开拓创新的进取精神。他的成功正在于他没有盲从别人的看法、做法，而是选定了自己认为可行的项目之后果断地投资。他和他的成功带给我们的启示是，创业者投资前须克服盲从心理，选定投资方案后则必须克服犹豫心理，果断投资，才有可能一举成功，大获其利。

市场是一个巨大的海洋，随时都在千变万化，来自市场的信息也因此千差万别。一些热门信息往往使很多人趋之若鹜，一哄而上，跟着干，照着办。殊不知，一种商品或项目，其市场占有量总有一定限度。如果大家都热衷于做某种生意，市场就会很快饱和。所以，聪明人很少跟在别人后边跑，因为他们知道做生意最忌讳盲从。当市场上某种买卖正“火”的时候，你要耐心地观察和等待机会，也许热点很快就消失，也许是刚刚开始，但不管怎样都要看准了再行动。如果你能对热门信息冷眼旁观，反其道而行之，说不定就能走到前面。

56 独创精神是企业发展的永动机

盛田昭夫：有远见的推销员

创业故事

索尼的创始人是盛田昭夫，他不但是一名成功的企业家，更是一个足智多谋的人。

第二次世界大战结束后不久，盛田与他的大学教师、朋友井深大建立了索尼公司的前身——东京通信工业公司。创业之初，他们利用自己在物理学方面的专长试制出了磁带录音机及配套的磁带。这种录音机比原有的钢丝录音机使用方便，录放音质量高，磁带的生产也比录音的钢丝成本低，在鉴定时得到了大家的一致肯定。盛田满以为这种新型的录音机肯定能畅销，但是，磁带录音机这种新产品还没有被大众所认识。于是，盛田把大量精力投入到产品的推销宣传活动中，他用汽车拉着产品，到各公司、学校、商店展示，介绍它的性能。

盛田的推销活动搞得有声有色，当用这个看起来怪模怪样的录音机录下人的谈话，然后再放出来时，人们无不感到惊奇万分。可是，惊奇归惊奇，购买的人却很少，因为大家有一个共同的感觉："这种东西好是好，不过作为娱乐品，似乎太贵了……"盛田为此感到很苦恼。

一件偶然发生的事情让盛田茅塞顿开。有一天，他在一家古玩店发现一位顾客毫不犹豫地以相当高的价钱买下了一个旧坛子。他想，旧坛子在一般人的眼中一文不值，但在懂得它的价值的人眼中却是宝贝。这启发了盛田：一定得面向懂得产品价值的人来推销，新型录音机才会畅销。

在认真分析了录音机的需求者之后，盛田开始有针对性地进行推销。当他得知许多法院的速记员因为人手不足而不得不经常加班时，马上带着录音机上门表演。很快，法院就大批地来订货。接着，推销的重点又转到了学校。盛田与井深大又设计制造了一种价格更低廉、体积更小、更适合学校使用的磁带录音机。很快，录音机普及到全国各地的学校，销路打开了，成了热销货，盛田的事业也就此奠定了一个良好的基础。

盛田在日本站稳脚跟后，开始向世界上最大的发达国家——美国进军。索尼公司靠自己新颖的设计、过硬的质量，很快在美国发展起来。

近几年，在不断强化各核心业务竞争力的基础上，索尼也在积极尝试建立各种宽带网络时代的全新商业模式。为了进一步加强电子、游戏和娱乐业务之间的联系，提高集团整体价值，2002年4月索尼正式成立了网络应用及内容服务部（NACS：Network Applications & Content Service）。NACS作为索尼的内容业务领域与以电子硬件为中心的技术领域的桥梁，将尝试在索尼自有的网络平台上开展服务。为了尽快让广大用户切身感受到激动人心并且开放性的宽带网络环境给人们生活带来的变化，索尼还将积极地与拥有共同发展理念的企业进行弹性联盟（战略性合作关系）。

索尼集团拥有多种不同的业务领域，是一家非常独特的企业。索尼将充分利用自身业务结构的特色，通过与业界其他企业的相互合作，成为宽带网络时代引领潮流的媒体和技术公司。

索尼公司是世界上民用/专业视听产品、通信产品和信息技术等领域的先导之一，它在音乐、影视和计算机娱乐运营业务方面的成就使其成为全球最大的综合娱乐公司之一。在截至2002年3月31日的2001财年中，公司的合并销售额达到570亿美元，全球雇员总数达到15万多人。

创业的哲理

世界知名品牌索尼的创业也不是一帆风顺的，盛田认为自己的发明在鉴定时得到了大家的一致肯定，就一定会畅销，便开始了他的推销。但漫无目的地推销，没有让他取得想要的结果。而从他受到启发开始有针对性地推销之后，他的产品才真正开始走进人们的生活。从索尼的创业过程中可以看出，只有坚持自己的独创精神，找寻最需要产品的顾客，才能让企业取得长远的发展。而要在市场上树立自己的品牌，更是要坚持自己的方向和信念。

57 创新不是跟对手竞争，而是跟明天竞争

马云：墙里开花，墙外先香

创业故事

阿里巴巴创始人马云一开始是杭州电子工学院的讲师，1995年他创办的中国黄页是中国第一家商业信息发布站。

1997年，马云开发经贸部官方网站及网上中国商品交易市场。1999年3月，他以杭州为研发中心、以香港为总部投资50万元创办了阿里巴巴网站，阿里巴巴的标志是happyface。

1999年2月，马云到新加坡参加亚洲电子商务大会，发现讨论的是亚洲的电子商务，发言人85%是美国人，说的全是eBay等美国互联网公司。在外经贸部工作过的他很快意识到一个巨大的机会正在出现。而决定建立电子商务网站的时候，马云明白，这个机会的价值链是双头并举的：一头是海外买家，一头是中国供应商。但在当时，中国的工厂还未成气候，商业模式中所有成功的关键因素，都集中在海外。而且像沃尔玛、家乐福这样的“超级买家”在西方，互联网的核心技术和核心企业都在西方，能投互联网的主流资金也都在西方，所以马云决定利用一切可以找到的机会，首先“搞定”外国人。

在马云看来，要做一个全球化的公司，要做一个买家主要在西方的公司，就必须利用一切可以找到的机会，首先“搞定”国

外市场。

到1999年8月，阿里巴巴公司在香港浮出水面，此时它已经提供来自全球178个国家和地区的最新商业信息，汇聚了全球18万用户。这个网站曾被美国商业周刊、华尔街日报等争相报道，有关媒体评价说，阿里巴巴在短短6个月的时间成为全球首屈一指的企业与企业间的电子市场。

将阿里巴巴国际总部定在中国香港，马云是这样考虑的："因为我们希望办一个由中国人创办的公司，让全世界骄傲的公司。香港是世界上最大的贸易港之一，作为贸易网站，公司国际总部设在香港是最合适的。"

阿里巴巴在美国设了研究基地，在伦敦设了分公司，然后对这些资料进行远程的资料处理控制。而把研究开发中心设在杭州，中国的总部设在上海。为什么不把阿里巴巴总部定在国外？马云有自己的主张，他始终坚持将阿里巴巴留在中国，因为马云要让全世界人知道，阿里巴巴是中国人创办的公司，阿里巴巴是一家让全世界华人骄傲的中国公司。

1999～2000年阿里巴巴战略很明确，即迅速进入全球化，成为全球电子商务企业；打开国际电子商务市场，培育中国国内电子商务市场。很多人认为，马云走的是中国第五代电影导演的道路——"墙里开花，墙外先香"。

阿里巴巴当时提出的口号是："避免国内甲A联赛，直接进入世界杯。"很多人认为，阿里巴巴在国外的名气比在国内大，这跟前几年的全面战略有关，阿里巴巴迅速地打入海外市场，很快就实现全球化了。

马云认为，互联网能够发展到今天，离不开技术，没有技术创新的互联网一切都是空话。事实上，阿里巴巴在创新方面一直做得很好。凭借着别具一格的创新商业模式和盈利模式，阿里巴巴获得了突飞猛进的发展，业务量迅速扩增。2016年4月6日，阿里巴巴正式宣布已经成为全球最大的零售交易平台。

创业的哲理

创业者的创新思维是一个企业生存的根本，当网络一步步走进人们的生活时，创新的商业模式就显得更为重要。马云认识到了这一点，看到顾客更长远的需求，并努力去满足这种需求。独特的眼光和独特的运作模式，使阿里巴巴创造了互联网时代又一个神话。

58 人无我有，人有我优，人优我转

李嘉诚的独门经营绝招

创业故事

李嘉诚创业的故事世界各地都在流传，激励、鼓舞着一批又一批志在商场上摸爬滚打的年轻人。

1950年夏天，李嘉诚以自己多年的积蓄和向亲友筹借的5万港元在香港九龙租了一间厂房，创办了“长江塑胶厂”，专门从事塑胶玩具和简单日用品的生产，开始了他在世界经济史上叱咤风云的创业之路。在创业之初的一段时期，李嘉诚凭着自己精明的商业头脑和“待人以诚，执事以信”的商业准则做了几笔成功的生意，发了一点小财。

几次小小的成功，使得年轻且经验不足的李嘉诚忽略了商海战场中变幻莫测的特点，他开始急切地去扩大他那原本就资金不足、设备简陋的塑胶企业。于是，他的资金开始周转不灵，塑胶产品的质量也开始下降，迫在眉睫的交货期使李嘉诚无暇顾及愈来愈严重的产品质量问题。最后，仓库里堆满了因质量问题和交货的延误而退回来的产品，工厂的亏损愈来愈严重，塑胶原料商开始上门催缴原料费，顾客也纷纷上门要求索赔，他几乎陷入破产的境地。

但李嘉诚并未因此而灰心丧气，痛定思痛之后，他开始冷静面对现实，分析目前的处境。

经过一系列周密、详细的调查研究之后，李嘉诚发现，在种类繁多的塑胶产品中，自己工厂所生产的塑胶玩具和小商品在国际市场及香港市场上已经趋于饱和状态。这就意味着他将必须重新选择一种能救活企业的、具有强大竞争力的产品，从而实现塑胶厂的“转轨”。后来他发现，塑胶花的市场正呈现走俏的趋势，于是开始转产。为解决技术上的难题，他想到了去国外的先进企业学习新产品技术的办法。

1957年春天，李嘉诚满怀着强烈的希冀和求知欲，登上飞赴意大利的班机，去实地考察和学习那里塑胶花制造的先进生产工艺。

当李嘉诚从国外考察回来的前夕，他跑了好多家花店，了解销售情况。最终，他发现塑胶绣球最畅销，于是立即买下好些绣球花作为样品，带回香港。回到香港的厂里后，李嘉诚宣布，长江厂将以塑胶花为主攻方向，并且表示，一定要使其成为本厂的拳头产品，借助它使长江厂更上一层楼。李嘉诚把样品交给厂里的技术人员研究，要求他们着眼于三点：一是配方调色；二是成型组合；三是款式品种。

李嘉诚在经营策略上提出“人无我有，独家推出”的方针，在极短的时间内，以适中的价位迅速抢占香港所有的塑胶花市场，一举打出长江厂的旗号，掀起新的消费热潮。数周之内，香港大街小巷的花卉店里，都摆满了长江厂出品的塑胶花。一时间，长江塑胶厂由原先默默无闻的小厂一下子成了蜚声香港塑胶业的知名企业。

就这样，李嘉诚在香港的市场竞争中洞察先机，快人一步研制出塑胶花新产品，填补了香港市场的空白。另外，由于李嘉诚执行不按物以稀为贵的一般道理卖高价，而是着眼于占领市场份额的经营策略，从而一举成功，成为香港塑胶花的“生产大王”。

创业的哲理

李嘉诚处变不惊的坚定信心、不畏艰难的进取精神、精明强干的商业头脑、与众不同的创新意识，确保了他最终能在失败中冷静地观察与思索，从中洞察到走向成功的契机，并通过自己不懈的努力，改变自己的命运。

固守原来的发展模式，没有创新的眼光，缺乏创新意识，是企业落后的第一步。创业者要想在竞争中站稳脚跟，求得发展，就必须不断创新。“人无我有，人有我优，人优我转”的创新思想，是创新精神在日益强化的竞争环境中的突出表现。

59 步人后尘只能啃别人剩下的骨头

勇于“吃螃蟹”的安踏

创业故事

每个成功企业家的创业史，都有一个从无到有的发展历程。而安踏，正是在丁志忠的领导下，一步一步茁壮成长，不断走向成熟。

作为国内第一个用体育明星做广告的运动鞋企业，安踏总裁丁志忠被称为“第一个吃螃蟹”的人，随后几年，中国鞋业成了体育明星与娱乐明星争奇斗艳的舞台。“明星战”“广告战”使得中国运动鞋市场硝烟弥漫，在这场战争及随后的品牌战中，安踏却始终保持着领先地位。

20世纪80年代，初中毕业的那个夏天，17岁的丁志忠提出要到北京发展。家里人都不理解，父亲让他说出理由来。丁志忠就说，每天都有外地人拿了钱来买东西，几乎什么都能卖掉，我们为什么不主动把晋江的商品拿出去销售？丁父的鞋厂那时候也是刚办起来，经济并不宽裕，但却被儿子说服，掏出了1万多元，让丁志忠买了600双晋江鞋到北京去卖。

为了把晋江的货摆进北京西单商场的柜台，丁志忠天天去找商场的人，一开始别人都不同意，还对他说：“你才多大啊，就跑出来做生意？”丁志忠硬着头皮说自己有20岁了。他也不管别人的脸色，特别真诚地介绍起晋江产品的优势，连续去了一个多月，商场的人终于答应去晋江看看。丁志忠高兴得不得了，赶紧先回晋江准备。最后，在北京所有的大商场，丁志忠都为晋江的鞋厂争取到了专门的柜台。仅两年的时间，丁志忠打通了北京最权威也是最艰难的销售通道——北京王府井商场。

第一个吃下螃蟹的人，成功地把销路打开了。一边是晋江丰富的货源，一边是宽广的销售渠道，不是可以就此稳赚了吗？但1991年，丁志忠却又重新回到了晋江。原来，晋江鞋在北京的低价销售深深刺激了丁志忠。当时，市场上比较有名的“青岛双星”、上海火炬牌等鞋已经有相当一部分在晋江生产，说明晋江货质量没有问题。带着四年赚下的20万元，丁志忠在晋江重新开厂起步，那时候，他的想法已经很明确：一定要把企业做大，把品牌打响。

1999年，一场国内鞋业的广告大战和体育明星大战孕育而生，丁志忠又一次成为第一个吃螃蟹的人。160万元，“我选择，我喜欢”，孔令辉成为安踏历时两年的形象代言人；500万元，是安踏在央视投放广告的预算价格。结果，随着孔令辉在奥运会上的出色表现和他极具个性的“我选择，我喜欢”，安踏迅速完成了品牌树立和传播，并极大地拉动了市场的成长。这次“吃螃蟹”的结果是：从2000年到2004年，连续4年，安踏运动鞋市场综合占有率居全国第一。

创业的哲理

“安踏”这个品牌的成功树立，源于丁志忠独特的眼光，利用名人效应广为宣传。因为在这个领域，丁志忠是第一个吃螃蟹的人。但我们也可以看到，在此之前，丁志忠已经不止一次勇争第一了。创业不动脑子，一味地去做跟风，只能啃别人剩下的骨头。想要做一名成功的创业者，就要像丁志忠那样，既有敏锐的眼光，又有惊人的魄力，开垦出适合自己或企业发展的“处女地”。

60 守住一棵树吊死，不如去寻找新的森林

独辟蹊径，开辟创业新通道

创业故事

沈君是石家庄市纺织厂的一名工人。1996年，全国的纺织行业不景气，许多人在企业濒临倒闭时仍在想方设法要保住自己的职位，而沈君却毅然放弃了与企业签订的终生合同自愿下岗。在众人纷纷表示不解时，沈君却有自己的打算，他想要自己创业。

沈君下岗后，更大的打击接踵而来，先是父亲因脑溢血住进了医院，生命垂危，接着与他同单位的妻子也下岗了，生活的重担全部压在了沈君的身上。

沈君开始寻找机会，他把目光投向了蔬菜市场。因为1997年石家庄市政府提出了美化、绿化城市的号召，占道经营的菜场被清理了，居民日常生活所需的蔬菜是一个很大的市场。沈君找到几个好朋友，凭着一起借来的十几万元资金，注册了自己的公司，为小区居民供应蔬菜。

一开始，他们遇到了困难。因为人们平时买菜都是去市场，不习惯送货上门的销售方式，往往看多于买，使得他们每天都有大量的蔬菜销售不出去。为了保证自己的产品质量，沈君专门请有关专家讲解保鲜技术，往返于北京、上海之间学习同行的经验。在专家的指导下，终于有效地解决了蔬菜的变质问题，使成品净菜的保鲜

期达到了5～7天。同时，他还结合实际形成了自己的营销模式，通过努力，他的成品净菜打开了市场，受到人们的广泛欢迎。

如今，沈君的净菜已经被搬上各大商店和超市的柜台，形成了从超市到商店到小区的网状的销售模式。通过与农民签订协议，他们还建立了200多亩的生产基地，经营品种也扩展到特色蔬菜、绿色蔬菜等，产品开始销往外地。

创业的哲理

现代商业社会，最为成功的营销就是：没有需求而去创造需求，从而开发出一个新的市场机会，成就事业。沈君从濒临倒闭的工厂自动辞职创业，是有着独特的眼光和非凡的勇气的。他独辟蹊径，开创了一个净菜市场，甚至因此改变了人们的购买习惯。独特的营销模式，是其成功的保证。在困境之中，需要寻找新的出路，守住一棵树吊死，不如放开怀抱，去寻找新的森林。

61 要么第一，要么出局

遥遥领先的行业排头兵

创业故事

贺振安是河北望都人，1988年靠做辣椒买卖起家，1991年建立辣椒加工厂，经过几次扩张，目前已经成长为当地最大的辣椒公司，同时成为康师傅、统一和华龙等方便面巨头的辣椒供应商。

他的创业没有什么惊人之处。1988年，他开始做辣椒买卖。做了两年买卖之后，他有了一点积蓄，于是他开始琢磨怎么把生意做大，后来终于想到了辣椒加工。他开始有意识地观察市场走向，直到这时候他才知道，看似平常的市场里面原来还有这么多学问。同样是在做辣椒生意，不同的人做法是大不一样的。

一开始，他以加工辣椒碎为主，但很快他发现，辣椒面也有利可图。于是，他开始筹备加工辣椒面。他在全国各地跑了一圈，打听到最便宜的机器也要3万多元。这对于当时的贺振安而言，还难以承受。但是聪明的他，居然自己设计出了这样一台机器，机器试制成功后，原来需要6个人做的工作量，现在只要2个人就行了。后来，他又赊来一部烘干机，解决水分问题；自己设计出一台干洗机，解决灰分问题；在以后的几年里，他又琢磨出整形机、去磁机等设备，解决粒度、含磁量超标等问题。

随着技术的进步，贺振安的企业开始由原来的作坊式生产发展为一个初步的现代企业，工人也开始摆脱手工作业。在有意无意中，他拥有了当地辣椒生产的“产业标准”，每一次技术进步都强化了他的企业在当地的领导地位。企业生产的辣椒也逐渐变成有一定品牌知名度的产品。

对贺振安来说，技术显然不是目的。技术的真正效用，是让贺振安在辣椒业中成为规则的制定者，让本来在同一起跑线上的竞争者处于被动适应的地位，而自己却在自家搭建的平台上纵横捭阖，左右逢源。三流的竞争是打价格战，二流的竞争是打营销战，而一流的竞争是打标准战。只有标准才最终有在市场上“清场”的法力。

贺振安的企业得以快速地成长，在很大程度上得益于它在这个看似不起眼的行业中占有了辣椒业的“产业标准”。当那些与他一起靠贩卖辣椒起家的伙伴们整天只想着如何向种辣椒的农户压价的时候，他已经通过引进生产设备，摆脱了辣椒贩子的身份，成为一个辣椒产品的生产商。当那些辣椒产品的生产商还只是把技术当作提高生产效率，节省成本的手段时，他已经开始意识到，机器的用途决不限于提高产量，降低成本。否则，他不会倾囊购进烘干机，殚精竭虑地研制辣椒干洗机。凭着这些机器，他率先占有了辣椒产品的“标准”。正是凭着这“标准”，他的企业得以在原来的竞争对手纷纷出局中快速成长。

当贺振安回过头来看这些悄然发生的变化的时候，他意识到，做企业绝不仅仅是盯着企业做企业，企业的强壮与否，最终取决于它有没有能力不断营造一个自己可以相对调控的生态——这正是他的企业一路上把竞争对手抛在身后的秘诀。

创业的哲理

能够成为行业标准，这并不是贺振安突发奇想制定出来的。顾客的需求才是“标准”的源泉。他能在同行们浑然无觉中制定出标准，就在于他对于顾客需求的敏感以及把这需求化作标准的“执行力”。他的企业没有一飞冲天的时刻，只是凭着一次一次从商业机会中学习、应变，化解随时出现的烦恼，他把自己的同行一一抛在了后面。

标准客观地造成了“合法垄断”和“通吃”。事实上，标准的占有是企业快速成长的基本策略，尤其是在一个进入壁垒不高，行业已处于低水平竞争的市场上。很多企业之所以成为总也长不大的“小老树”，原因就在于它们是标准的奴隶而不是主人。

62 唯有自创品牌，才能永续经营

"要做就做最好，要当就当老大"

创业故事

赵平喜欢称自己是"吃地瓜长大的孩子"。小时候家里生活很穷，17岁时，家里仍在点煤油灯，一天三顿吃地瓜也不觉得苦，因为大家都在吃。当然，他也有自己的心愿，在日记中就这么写道："要用功读书，在学校里要得'优'。长大后，家里要有电灯，有水泥地板。"然而，他后来取得的成就却远远超过了小时候的这些心愿。

1988年，当赵平倾其所有，到厦门湖里区投资兴业时，他在台湾甚至在祖国大陆不过是一位中小企业的创业者。公司创办初期，员工只有82人，年营业额只有60万美元。然而12年后，赵平已在全球建立起他的事业王国，产值达到8亿美元。

赵平把理想比作"天边的彩霞"，把务实比作"脚下的玫瑰"。他说自己是一个"理想主义者"，但更是一个"务实的人"。赵平及其事业的迅速成长正得益于此。

"公司有今天这样的规模，确实是我当初没想到的。"赵平曾经这样对别人说，"这对我本人也是一种激励。我必须有更多的智慧，做更多的事，让我的企业继续成长，我相信我办得到！"不过，说到今天这样的规模，赵平又称是"当初早已设计好的"：公司自成立的那天起，就提出所展开的三个项目——煎烤器、电熨斗、咖啡壶都要成为世界同行中的第一名。

做小家电的赵平“心”并不小，他常对下属说：“我们都知道，要建立一个优秀品牌的概念非常困难，但是如果成功的话，这个企业的利益跟信誉，将会长期地发展起来。公司要做就做最好，要当就当老大。”

创办初期，公司的主要业务是“代工生产”和“设计生产”，为他人做“嫁衣”，虽在小家电行业小有名气，订单不断，但赵平并不满足。他说：“一个企业，唯有自创品牌，才能永续经营。”随后，他创建了公司的品牌。

1997年，亚洲金融危机爆发后，赵平带领公司员工一方面通过挖掘企业潜力，提高生产效率，加大本土化采购，降低生产成本；另一方面提高新产品的研发能力，使分布于厦门的研发人员迅速增加到65人，研发能力达到国际水平。全年共开发出18种新产品，不仅满足了市场需求，而且提高了产品的附加值。同时，加快了产品投放欧美市场的步伐，尽可能多地争取欧美顾客的订单，使全年外销市场60%集中在美洲、21%分布在欧洲。当年，在绝大多数家电企业步履维艰的情况下，赵平的公司实现营业额1.54亿美元，产值1.52亿美元，分别比上年增长10.6%和11.8%。

1998年，在国内市场上，他们公司的电熨斗无论是销售量还是知名度，已名列“第二领导品牌”地位，市场占有率高达30%左右。

赵平说他的营销策略是“掠夺式”营销。他这样解释：一般来看，在每一个行业中，在第一阶段只有前五名能参加“比赛”，后面的都将被淘汰，而只有前三名能赚到钱；到了第二阶段，只有前两名能赚到钱，而最后就只有第一名能真正赚到钱了。因此，企业要想常胜不衰、保住效益，必须实施“掠夺式”营销。于是，赵平将眼光首先投向了家电大国——日本。

对不少外国企业来说，产品要想打入日本市场是比较困难的。为了强化产品在日本市场上的地位，赵平的公司先后在当地建立了8个办事处，并斥资将营业总部由大阪迁到东京，还在日本电视台、专业报刊上推出大量报道。

如今，他们公司生产的咖啡壶在日本市场上销量第一，铁板烧、电饭煲等产品也具有较高的市场占有率。同样运用这一策略，公司生产的煎烤器、马达食物处理机、电熨斗等产品也分别成为美国、欧洲和中国市场上的主流产品。

眼下，公司已拥有49条现代化装配生产线，200多台具有国际先进水平的各种机械设备以及2万多平方米的现代化厂房，固定资产达到3亿多美元。从建厂初期的来料加工装配发展到产品开发、精密铸造、电木成型、温控元件和资讯产品开发、制作、销售等诸多方面。

目前，他们公司已建立起国际性的研发队伍，并按照产品类别进行任务编组，各组相应设立负总责的“产品经理人”，及时根据产品在市场上的获利情况，对设计师、市场部及产品供应厂提出建议。对公司在美国、日本聘请的设计师或业务主管，也都每年安排他们到台湾或协助其他海外企业开展业务，增强他们对公司经营理念、发展战略及产业趋势的了解，同时也有利于增强集团企业的向心力，提升团队研发与经营效率。公司许多具有代表性的产品就是靠着团队的力量，在产品开发、市场拓展方面迅速获得了成功。

创业的哲理

就像赵平说的，在每一个行业中，企业竞争就像是参加比赛，后面的都将被淘汰，而只有第一名能一直赚到钱。因此，企业要想常胜不衰、保住效益，就必须时时创新，打造属于自己的品牌，永远争做行业第一，这样才能成为胜者，才能称为成功。

赵平作为一名企业家，他能够预见机会，不惧艰难险阻，加大投资，改进生产设备，研发最优秀的产品，实施“掠夺式”营销，最终成为行业中的佼佼者，实现了自己的人生价值。

63 对手可以逼你进步，成长

周鸿祎：把对手当“磨刀石”

创业故事

周鸿祎是程序员出身，当他想要创办3721时，刚开始就面临两个强大的竞争对手。

“当时在美国有我们一个非常大的竞争对手，它得到了微软的支持，这家公司叫realname；当时我们在国内也有一家竞争对手，它经常自命为政府。”周鸿祎回忆说，“当时由我聘请来的CEO就跟我说，你如果不跟这个国外公司合作，你就死定了；然后过两天，他又跟我说，你如果不跟这个政府机构合作，你也死定了。我说如果我反正都是要死的话，那就让我现在死好了。后来CEO离开了公司，幸亏他离开公司，因为后来我这两家竞争对手联合起来，我想我这个CEO要是留在公司，他可能就会吓死了。但是实际上我倒觉得竞争对手给了我们很大的帮助。有了竞争对手我特别高兴，这也就是说终于有人认同我的理念了，终于有人跟我做一样的事情了。我觉得竞争对手就像磨刀石一样，它可以把我磨得非常锋利，然后我就手起一刀，把竞争对手给砍掉了。”

和对手一样，投资家也是“磨刀石”，3721刚创业的时候，对周鸿祎来说，最难的是刚开始所有人，特别是技术专家，都觉得这个模式太简单，没有价值。“他们觉得互联网本来就是应该用非常技术的方式去使用，于是当时几乎所有的人都置疑我们的价值。比较痛苦的地方就是我是一个技术人员出身，所以我会把技术讲得非常细节。但是我跟这些投资人很难沟通，因为我一直讲不清我是干什么的。所以我最早的那个投资人IDG，投资了我们两年以后他都还没有搞清楚我们是干什么的。他一直以为我们是在做搜索引擎，但是实际到最后我们才给投资人说清楚，说我们原来是有一个很大的梦想，想在互联网里加上一种新标准。”

创业的哲理

遇到竞争对手几乎是每一个创业者都要经历的。在市场竞争中，很多企业视竞争对手为敌人，大有“不是你死，就是我亡”之势。其表现，就是所有人都不计代价，最后形成过度竞争，大家都没有好日子过。其实大可不必，我们看到一个很有趣的现象：有肯德基的地方，基本都有麦当劳，他们是竞争关系，但是，我们没有看到什么时候肯德基发动个什么“战役”把麦当劳给消灭了，相反，他们在互相竞争中促进彼此的进步，共同培育了市场。相似的情况也出现在可口可乐和百事可乐身上，他们互相视对方为主要竞争对手，但是两家企业却从来不搞恶性竞争，甚至连促销活动往往都有意错开，但两者发展得都很好。

把对手当“磨刀石”，可以刺激自己成长。在和对方的竞争中，你和你的企业可以成长得更好更快。

64 没有永远的对手，只有永远的利益

对手联手，共创财富帝国

创业故事

韩国人尚学录是日本一家企业的业务员，他并没有什么学历和资金，但他有善于企划的能力。有一天，他接到从西德寄来的商品目录，其中有一种新开发上市的羊毛纺织机器。对于新机械他比别人内行，直觉告诉他这是一个良机。他立即详细调查了日本的羊毛纺织机器，根据调查结果他了解到，如果应用这种新机器，生产成本大约可以降低三分之二，而且生产效益可以成倍增长。

但是，他并没有向日本人推销这种机器，而是带着这项新产品的目录和经营纺织工厂的新构想，去找住在日本的一位韩裔富翁林伯熊先生。林先生对纺织业一窍不通，但看过尚学录的企划说明之后，他感到这是一个不错的主意，觉得这个年轻人可以信任，于是他立即同意开一家纺织工厂，从西德进口四部机器，并请尚学录当总经理。尚学录从原来默默无闻的业务员，摇身一变成为一家大工厂的经营者，而林先生的财富值也迅速增长。

创业的哲理

激烈的竞争，需要真诚的合作，长久的合作需要“双赢”为保证，协作的任何一方，不赢反亏，就失去了继续合作的基础。只有

相同的利益，才能使双方的合作持久。因此，我们要尽量化解与对方利益上的冲突，使自己和对方有着共同的利益，在此基础上开展持久的合作。

合作可以让我们更好地经营，更有效地工作，投入同样多的精力却获得更大的成功，但合作这种精神源于信任。在现代社会，“信任”已经成为一种社会交换资源，你信任别人，对方才会对你信任。在这个信任危机的时代，想要创业的你，如果肯相信别人，给别人一个机会，也是在给自己一个发展壮大的机会。

创业者如果想要与合作伙伴建立相互信任的关系，首先要做到以诚相待。有些人认为迎合就能赢得信任，可那只会让人觉得虚伪，倒不如坦陈己见。战场上的战友，只有放心把自己的后背交给同伴，才能直面敌人的进攻。创业也是一样，既然必须要合作，何不选择信任同伴，把精力放在应付市场困境方面呢?

创业导航：创业竞争的制胜之道

市场是一个竞争的市场，创业就意味着参与竞争，要与众多的竞争对手争夺市场。那么，创业者如何从竞争中胜出呢？

1. 以变制胜

所谓“适者生存”，强调的就是“变”，创业者要适应外部环境的变化，随时做出调整。

2. 出其不意，攻其不备

核心是一个“奇”字，用出奇的产品、出奇的经营理念、出奇的经营方式和服务方式去战胜竞争对手。

3. 以快制胜

机不可失，时不再来，比对手快一分就能多一分机会。对什么都慢慢来、四平八稳左顾右盼的人必然被市场淘汰，胜者属于那些争分夺秒、当机立断者。

4. 后发制人

从制胜策略看，后发制人比先发制人更好，可以更多地吸收别人的经验，时机抓得更准，制胜把握更大。

5. 集中优势重点突破

这一策略特别适用于小企业，因为小企业人力、物力、财力比较弱，如果不把有限的力量集中起来很难取胜。

6. 趋利避害，扬长避短

经营什么产品，选择什么样的市场，都要仔细掂量，发挥自己优势。干应该干的，干可以干的，有所为，有所不为。

第六辑
做老板的智慧

创业是一项极具挑战性的社会活动，是对企业创始人老板的智慧、技能、气魄、胆识、胸襟、做人的全方位考验。企业能否生存发展，能否做大做强，主要取决于老板个人的能力和修为。

在创业过程中，作为老板，必须着眼全局，立足细节，既要高瞻远瞩，胸怀远大，又要脚踏实地，苦心经营。同时要发挥自身的人格魅力，以信誉赢得顾客，以德碑树立口碑，方能在商海中如鱼得水，开创基业常青的局面。

65 外行不一定就不能成功

门外汉松下幸之助的创业史

创业故事

“松下电器”如今扬名全球，但如此辉煌的业绩却起步于100日元。松下的掌门人松下幸之助就是凭借100日元的资金开始了自己的创业，创造了商界奇迹。

当年他因健康原因不得不辞职后，决心着手创办自己的企业。他首先着手做的事情就是充满信心地革新插座。对于松下来说，首先碰到的问题是资金，所有的资本还不到100日元。在当时，100日元连买一台机器或一套模具都不够。雄心勃勃的松下不管这些，他决定自己能干的事情尽量自己解决。

第二个问题是人手。相对来说，这不算困难。第一位人选是他夫人。此外，两位过去的同事也答应来帮忙，松下的内弟井植岁男刚从高小毕业，也被姐夫召来帮忙。松下创立的第一套班底就此形成，共有5人。

第三个问题是场地。松下认真分析了当时的情形，资金少、人员少，还没有必要设厂。于是松下夫妇把原来的住房退掉，在生野区找了一间较宽敞的房子，其中两坪（一坪为36平方米）的一间作厂房，兼起居室，另外一坪的一间作卧室。

资金、人员、场地的问题刚有了着落，又遇到了创业中更大的问题，那就是松下他们很少考虑过的技术问题。

尽管松下专心于革新发明，但他和其他帮手都是门外汉。他们对技术革新有兴趣、对未来的事业充满使命感，同时又由于资金、人员等条件的局限和压力，迫使他们亲自动手，土法上马，克服了一些难关。在当时，最难解决的是插座外壳的材料问题。松下等人都知道那是一种合成材料，其成分大概是沥青、石棉、滑石粉一类的东西，但究竟是何比例、怎样合成，就一窍不通了。后来，在过去的一位同事的帮助下，他们终于知道了正确的工艺。

制造插座外壳合成品的经验给了松下不小的启迪。在松下的心目中也树立了“外行不一定就不能成功”的信念。此后，松下电器公司的产品开发中，有许多时候正是靠这种信念的支持完成的。

1965年，松下电器公司的附属企业“松下通信工业”承接了一笔政府生意。订单是国家气象局提供的，要求该厂设计制造远距离测量系统，包括深水测量器材。当时该厂缺少海上技术专家，他请教了专门的海洋专家，问题也未能解决，因为课题是前所未有的。结果，他只好靠自己来研制。1969年，一套先进的海上测量系统终于设计制造成功，包括海面上的浮标船和深海4 600米的测试系统。而这个项目的参加者，实际上是一群对材料、结构和焊接技术完全不懂的门外汉。

到1999年11月30日，松下电工集团拥有日本国内关联子公司64个、海外关联子公司40个以及符合“持分法”（份额法）的公司8个，开展了照明、信息设备、电器、住宅设施建材、电子材料、控制设备等大范围的业务活动，具有从研究开发、制造、销售、设计施工、直到维修服务的一条龙体制。除了这些主要的业务领域之外，松下电器公司还涉足于家庭病人护理（介护）业务和信息技术（IT）业务等相关的多个新的业务领域。

创业的哲理

闻名世界的松下电器公司的创业史，堪称“一群一无所有的门外汉”闯天下的典范，很值得世人借鉴。门外汉可以凭着钻研精神，从最原始、最土的办法开始，通过学习和试验，不怕一切困难，取得了内行人也为之羡慕的成就，这就是松下精神。

一无所有并不可怕，只怕没有创业的决心和胆识，只怕没有勇气承担创业的艰辛与困苦。成功离我们并不遥远，它就在自己脚下，只要敢于向前迈步，哪怕下一步是泥泞。

66 万丈高楼平地起

李兆基：创业从拼地盘开始

创业故事

1929年，李兆基出生于广东顺德；7岁开始，在其父亲开的银庄学做生意；15岁时，父亲就把两家银庄交给他执掌。

1948年，李兆基带着1 000元港币到了香港。先是干自己的老行当——炒汇炒金，颇有斩获。之后，他又做起了贸易，并掘到了第一桶金。到了20世纪50年代后期，香港经济起飞，房地产炙手可热。李兆基认为房地产必定是香港的黄金产业。

但是，李兆基此时在香港商场名不见经传，想要在房地产行业分一杯羹，谈何容易。俗话说，一个好汉三个帮，李兆基找到郭德胜、冯景禧等创立了香港永业集团。

对于公司的经营方针，李兆基觉得可以学习霍英东卖楼花。不过，霍英东卖的是住宅楼宇楼花，而他把重点放在卖工业楼宇楼花，因为香港的形势决定了工业用房将是一个高潮。由于永业集团的实力无法与当时的大集团抗衡，因此永业集团一开业，就不跟大集团去比拼竞投官地，而是去买进旧楼，采用一块块小地盘拼大的方法，几年下来，尽管永业集团没有什么惊天动地的业绩，但资产却稳步增长。

1963年，李兆基、郭德胜、冯景禧三人退出永业另创新鸿基有限公司。在新鸿基，李兆基负责图样设计、土地买入和楼盘销售，几乎概括了房地产的主要方面。

在这个筚路蓝缕的创业时期，他们三人的注册资金有500万港币，实际上只有300万港元，每人各100万港元，在财力上没有什么优势。但他们三人齐心协力，到1972年，楼宇营业额已达5.65亿元。

之后，李兆基成立了自己的恒基兆业地产公司。到1976年，在恒基兆业三周年之际，李兆基用了28年的时间，终于把自己从1 000元身价变成了亿万富翁。1997年，李兆基更是以147亿美元荣列全球富豪榜第4位，成为亚洲首富。

已经75岁的李兆基现任香港恒基兆业地产有限公司及恒基兆业发展有限公司主席兼总经理，恒基中国集团有限公司主席兼总裁，香港中华煤气有限公司主席，新鸿基地产发展有限公司副主席，美丽华酒店企业有限公司、香港小轮（集团）有限公司、东亚银行有限公司董事，香港地产建设商会副会长，香港港事顾问，香港特别行政区筹委会委员及推选委员会委员，香港顺德联谊总会荣誉会长，世界顺德联谊总会名誉会长，所获得的称号还有：顺德市荣誉市民、佛山市荣誉市民、广州市荣誉市民。

创业的哲理

李兆基的策略：购买旧楼，一点点拼大，使资产在积累中慢慢成长。这告诉其他创业者，要对自己的现状有清醒的认识，在条件不成熟的情况下，不妨先从小处做起，一点点地积累，实现稳步增长。以小积大，不是“以小搏大”，如果一味硬拼，只能是自己被实力雄厚的对手吃掉。

67 稳扎稳打，才能做强做大

光辉的创业之路

创业故事

薛女士曾是一家职工医院的年轻护士，因企业经济效益不好，已到了开不出工资的地步，她的生活面临困难，于是，她毅然决定下岗自谋出路。1993年5月，她闯入商海，开始了白手起家的创业之路。

她从摆路边小摊经营五金工具起步。那时，本小利薄，步履艰难。但由于她以诚待客，把满足消费者的需求放在首位，在别处买不到的东西，到她这里却能买到，所以生意逐渐看好。不久，她又进入商业城正规摊位经营。此时，做五金工具生意的一家挨着一家，自然出现了竞争激烈的局面，但她的热情服务为她赢得了许多回头客，使得生意更加兴隆。她的经商作风也备受顾客的称赞。

她对所有的顾客一视同仁。有一次，两个外国人闲逛经过她的商店，被一把构造特殊的钳子吸引住了，爱不释手。其中一个拿出张百元美钞来，表示多少钱都不在乎。薛女士想了一想，便拿起一把钳子送给了那个外国人，并摆手坚决不收钱。在她看来，既然外国友人喜欢，又没有零钱，送他们一把也是应该的，不能因为人家是外国人，就狠宰人。

正是这样的诚信经营，使她的生意越来越红火，也着实赚了钱。于是，她扩大了投资规模，开办起一个有独立门户的大商店。由于有了较雄厚的经营实力，这个商店的竞争能力增强了。商品经营范围不断地扩大，销售量逐日上升，买卖一派兴旺，现在一次进货款就是几万元，年收入已达几十万元。

薛女士十分感谢政府给予的优惠政策和种种照顾，她在努力地回报社会，目前，已安排了7名下岗职工到店里上班，帮助他们解决了再就业问题。

几年来，薛女士在商海中创业有成，并为下岗女工再就业树立了榜样。面对这一切，她坚定而自信地说："我将把这些当作起点和动力，沿着这条光彩之路走下去。"

创业的哲理

下岗女工薛女士从经营路边的五金摊开始，一步步开始了自己的创业之路。一点一点地积累资金，扩大规模，终于使她的创业初见成效。从她的经历中，我们可以受到这样的启发：下岗并不可怕，丧失信心才是最大的失败。在追求创业成功的道路上，急于求成是大忌。稳扎稳打，不断积累，就可积少成多、聚沙成塔。

68 德行善举是唯一不败的投资

船王包玉刚的经商之道

创业故事

1955年，包玉刚进入船运业，当时他用20万元买了一条被风吹浪打了28年的名叫“金安号”的旧船，这一举动遭到了几乎所有亲友的强烈反对。

因为船运业不仅需要庞大的资金，而且风险极大，可是，包玉刚力排众议，毅然投身到船运业。他认为，香港拥有天然的深水泊位和充足的码头，自1911年中国陷入动荡不安的年代以来，香港平静的海面就为国际贸易提供了可靠的大门。经营船运在香港具有很大的潜力。

二战之后，世界经济复苏，各地之间的贸易往来增多。因此，包玉刚坚定地认为，船运是最廉价的一种运输方式，必将大有作为。包玉刚经过20多年的苦心经营，到1978年，已拥有一支200多条船、2 000万吨运输能力的庞大船队，荣登世界船王宝座。可是就在这个时候，包玉刚又做出了令人惊讶的决定：减船登陆。

就是这一举动，他顺利地躲过了船运大萧条时期的灾害。

包玉刚实行“减船登陆”战略大转移的第一仗，堪称世界商战史上的经典之作。

在20世纪80年代之前，香港的经济命脉都是掌握在英资的手中的。但是在80年代初期，以李嘉诚、包玉刚为代表的一批华人豪杰，经过20多年的原始积累，羽翼渐丰，可以与英资公开叫板了。九龙仓是香港最大的码头，一直由香港四大财团之一的英资怡和洋行控制。包玉刚经营船运20余载，深知码头的价值，所以他减船登陆的第一步就选择了九龙仓。

包玉刚仅用80多天时间就控制了九龙仓30%的股权，远远超过怡和洋行的20%。怡和在大惊失色之后组织反扑，他们在一个周五股市收盘之后，突然宣布将以空前优惠的价格收购九龙仓股份至49%。而此时，包玉刚正在巴黎出差。怡和把包玉刚推到了这样的境地：如包玉刚准备反收购，就必须在周六、周日银行休假日内，筹集20多亿港元现金……

这在当时那种情形下，几乎是不可能的。

周一上午开盘，香港有史以来最大的一场收购战打响了，但不到1小时战斗便结束了。证券商报价23亿港元，包玉刚当即开出一张23亿港元的巨额支票。怡和面对包氏雷霆万钧、排山倒海般的反收购攻势毫无还手之力。到此为止，包玉刚持九龙仓49%的股权，稳获控股地位，跃成为九龙仓首任华人主席。

包玉刚创造了奇迹。他先是找到汇丰银行要求借15亿现金，接着，又联系了九家金融机构的老板，他们都不约而同地表示全力支持，特别是香港华美银行，在星期一上午开始收购时，还给包玉刚送来信函，承诺为他提供1亿美金的贷款，并且明确表示“勿需担保”。

所有的支持凭借的都是包玉刚个人的无形资产，在几十年商海沉浮中，他建立起来了很大的影响力、经营能力、预见能力和商业信誉。美国《财富》和《新闻周刊》两杂志分别称包玉刚为“海上的统治者”和“海上之王”。沸腾的事业，终于使包玉刚誉满天下，而包玉刚也终于实现了自己毕生的理想。

1991年9月23日，包玉刚病逝于香港寓所。但他穷毕生精力整饬的航运事业却遍布全球，没有停歇；他在世界各地的朋友们和因为他的乐善好施而受益的人们也都仍在传诵这位世界船王的生前事、生后名。

创业的哲理

诚信是创业者立足市场的基石。信用就是财富，信用就是形象，信用就是竞争力，信用就是生产力。

市场竞争是公平竞争，市场经济是信用经济，创业者永远不要拿自己的信誉冒险。一个成功的创业者所依靠的不是雄厚的经济实力，而是勇于创新、敢于冒险的气魄和高瞻远瞩的战略眼光，更是让天下人口口相传的良好信誉。创业者所拥有的资本并不仅仅是账面上的金钱数字，更重要的是信誉和影响力。

69　完美的顾客服务为创业奠基

体贴入微的平民饭店

创业故事

美国饭店大王斯达尔的贡献是开放了专供王公贵族享用的饭店，使之也能为一般平民百姓服务。斯达尔的父亲是一个贫穷的德国移民。斯达尔从小就没有受完足够的学校教育，十三岁开始在西弗吉尼亚的一家饭店里干打杂、看门的差事，一干就是十八年。在此过程中，他积累了丰富的实践经验。更重要的是，他了解到了饭店里的顾客的真正需要。他认为：顾客不一定都追求豪华，顾客所希望的是舒适的卧床、美味的餐点及清洁的房间。

斯达尔对当时的饭店进行了极为细致的观察之后发现，当时经营的饭店几乎都是以富豪为主要服务对象，一切设施都尽可能地追求豪华。尽管一般旅行者日益增多，却找不到便宜而朴素的住处。可以供一般旅行者住宿的类似火车站饭店的小地方，必须两个人合住，盥洗、如厕等都需使用公用设备。甚至有的除住宿费之外，还须另付洗澡费。

面对这种情况，斯达尔产生了为一般旅行者创建饭店的念头。他在第一次建造水牛城旅馆时，曾以“一块半美金住得了附有浴厕的房间”为宣传口号。这个口号遭到了所有顾客的怀疑：“这么便宜的旅馆能有这些设备吗？”他们半信半疑地打开房门，看到的是设有浴室及洗手间的房间，自来水龙头旁边还有一个饮水用的龙头。衣橱门一打开，灯光就自动开启。特别装设的等身的大镜子，更受女顾客的喜爱。房间里还备有针线包，即使在旅途中钮扣脱落了也不必叫服务员。门的钥匙孔安在把手中间，深夜归来也不会找不到钥匙孔。门上还附有从里面关闭就绝对打不开的门锁，只要把门一关就变成了自己的天地，不会受到任何人的打扰。有了这些别出心裁的设备，顾客大大松了一口气，他们可以从无聊的小费中解脱出来了。正是这些体贴入微的设计，使得斯达尔的饭店一开业就受到了顾客的广泛欢迎。

在旅馆业都以豪华与奢侈为招牌的年代，斯达尔如此经营旅馆，实在是一种具有革命性的转变，一个伟大的创举。后来，新建的旅社都以斯达尔的旅馆为楷模，向它看齐。

斯达尔从开始经营旅馆起就一直盈利。他死后的一年，世界性经济危机席卷而来，美国有85%的旅馆宣告倒闭，而他遗留在全美七个地方的斯达尔旅馆却都安然无恙。

创业的哲理

斯达尔开创了平民饭店的先河。他甚至曾以“一块半美金住得了附有浴厕的房间”为宣传口号。这样的举措是一个伟大的创举。在他的饭店中，从每个细节之处都关注了顾客的需要，这样的体贴入微，可以让顾客在最大程度上感受到关怀。当其他商家把“顾客就是上帝”挂在嘴边时，斯达尔把它体现到了行动之中。创业者只有真正将顾客的需要放在首位，才能赢得顾客，获得更大的发展。

70 小商做事，中商做市，大商做人

进军海外，信誉架起桥梁

创业故事

香港企业家许德祥创建的华夏公司起初是靠橡胶产品牢牢占领了欧洲市场，因营业额及利润成倍增长，使许德祥赢得了“橡胶大王”的称号。但他并不满足于这一点点成绩，他为自己制定了更远大的目标，那就是让他的橡胶产品进军北美市场，进一步扩大国际市场。

美国和加拿大是发达国家，尤其是美国，幅员辽阔，人口众多，消费水平极高，占世界消费总额的四分之一。若能打入美、加市场，他的事业一定可以得到迅速拓展。

为此，许德祥考虑许久，决定主动出击，设计印制精美的产品广告画册，通过港府有关机构和民间商会了解北美各贸易公司地址，然后分寄出去。很快，北美的多家大贸易商业公司就反馈回了信息，它们对华夏公司橡胶制品的彩照样品及报价颇为满意，决定派购货部经理前往香港，以便选择样品，考察工厂，洽谈业务。

许德祥与对方进行了友好的交谈。对方在简单询问了香港塑胶业的发展概况后，提出一个要求，即希望许德祥陪同他们的贸易代表到其他厂家走访一下。这家北美最大的橡胶用品贸易公司，影响颇大。它的销售网遍布全美国和加拿大。对方的意思无疑是要考察香港整个塑胶行业，从中择优作为取舍的标准。

虽然许德祥自信他的产品质量可以跻身全港一流行列之中，但论资金实力、生产规模，他都不敢在香港同业中称老大，这使许德祥又有希望落空的担心。为了争取这次千载难逢的机会，作风稳健的许德祥这次决定孤注一掷，冒一次从未经历过的大风险，他立即召开公司高层会议，宣布了一个令人惊愕而振奋的计划：必须在短暂的一周之内，将生产规模扩大到令外商满意的程度。

他立即委托房产经纪商代租了一套占地约1万平方米的标准厂房，并在一周之内完成了可用设备的搬迁，购置新设备，旧厂房的退租，新聘工人的培训及上岗，新厂房的承租改建，设备安装调试等种种工作。

他们刚刚把设备调试完毕，外国公司购货部经理就到达了。在参观了华夏公司的全部生产过程和样品陈列室后，外商感到非常满意，对华夏公司的产品赞不绝口。从此，这家北美公司就成了华夏公司的大顾客，每年都为华夏公司带来数以百万美元的订单。更重要的是，通过这家公司，许德祥还获得其他海外公司的好感和信任，加拿大交通银行主动与他建立了长期的业务往来关系。这种合作伙伴关系，为许德祥进军海外架起一道桥梁，也为许德祥带来数千万港元的盈利。

创业的哲理

任何企业的发展都有一定规则，而且，企业所属的行业不同，市场的环境与规范也会有所区别。但无论在怎样的市场环境下、从事怎样的商业行为，有一点却是共通的，那就是，商业行为是无信不立的。所谓无信不立，就是要在商业活动中讲求信誉，以信誉为最大资本和获利的最大保障，因为良好的信誉中往往潜藏着无限的商机，讲求信誉就意味着寻求和掌握新的机遇。

许德祥为了进军美、加市场，不惜孤注一掷，在一个很紧迫的时间内完成了生产规模的扩大，展现了一个优秀创业者的良好信誉。这无论是对于正在创业的人还是已经取得一定成绩的人来说都是一个很好的启发。

71 不仅满足顾客，还要取悦顾客

IBM：给顾客最好的服务

创业故事

IBM的创始人老托马斯·沃森所规定的三条“行为准则”中，很重要的一条就是要“给顾客最好的服务”。IBM要使自己的服务成为全球第一，不仅是在自己的公司，而且要使每一个销售IBM产品的公司也遵循这一原则。老托马斯认为IBM应该是一个“顾客至上”的公司，也就是IBM的一举一动都以顾客需要为前提，因此，IBM公司对员工所做的“工作说明”中特别提到要对顾客、未来可能的顾客提供最佳的服务。

为了让顾客感觉到自己是多么重要，无论顾客有什么问题，IBM一定在24小时之内予以解决。如果不能立即解决，也会给予一个圆满的答复。如果顾客打电话来要求服务，通常在一个小时之内就会派人去服务。IBM的专家们随时在电话旁等着提供服务或解决软件方面的问题，而且电话费是由公司付账。此外，还有邮寄或专人送零件等服务，来扩大服务范围。同时，IBM公司还要求任何一个IBM新零件，一定要比原先换下来的好，而且也要比市场上同级产品好。

创业的哲理

产品质量、品牌都数一数二的IBM尚且如此重视对顾客的服务质量，经营小企业的你更是不可忽视。为了使生意长久，你的公司应当设法减少影响顾客取向的不利因素，并提供超出顾客预期的产品和服务以建立好的口碑。一个公司也许可以生产出最好的产品，但如果它没有将影响顾客取向的不利因素减至最少，并为顾客提供积极有效的服务，那么，很少人会留意到这家公司与其他竞争者之间有什么区别。

营销大师科特勒曾说：“仅仅满足顾客是不够的，你还必须取悦他们。”通过实现满足顾客需求的各项优质服务，可以让顾客形成更愉快的心理感知，从而使顾客感到他从你这里购买产品会比在其他人那里购买产品获得更大的价值。

72 顾客就是创业者的衣食父母

杰夫·贝佐斯：一切为了顾客

创业故事

杰夫·贝佐斯出身于一个移民美国的古巴裔家庭，毕业于著名的普林斯顿大学，他的专业是电力工程暨电脑学。毕业之后，他先后从业于纽约的信孚银行和华尔街的D.E.Shawand Co.基金公司，表现优异。

他的职业道路一帆风顺。但在1994年，杰夫·贝佐斯突然决定放弃安逸的工作，离开华尔街，开始自己的创业历程。他带着妻子，前往西雅图发展。在自家的车库里，他带着4位工作伙伴创办了亚马逊书店，之所以选择书籍作为创业商品的首要原因是调查结果的显示。相信数据的贝佐斯，在市场调查时列出网络销售潜力最佳的前20名产品，然后再研究前5名，发现适合在网上销售的商品中，书籍市场的潜力最大，荣登宝座，其余则是音乐、录像带、电脑硬件、电脑软件。为了创立公司，他四处打电话，筹措创业资金。1995年7月，亚马逊网络书店正式成立。

杰夫·贝佐斯提出“顾客至上”理念，在他的公司内，“顾客至上”的理念已经是上从总裁下至员工，每一个人都铭记在心的“服务箴言”。亚马逊公司的竞争策略与其“顾客至上”理念融合在一起，那就是：将心放在顾客上，而非竞争对手上。

他们还十分注重与顾客建立深厚的关系。他说："许多上网购物的顾客，过去毫无经验。所以，与顾客建立深厚的关系，并成为他们第一个购买对象，就是亚马逊的经营目标。"据统计，在亚马逊每天收到的订单中，几乎有58%以上是属于重复性的顾客消费。

杰夫·贝佐斯的营销坚持"新、速、实、简"的方针，拥有强大的市场竞争力。新，即服务功能随着科技进步。贝佐斯将亚马逊公司定位为高科技产业，而不是流通业，该公司里最多的员工是软件工程师，他们不断开发创新，使得亚马逊的电子商务一马当先。速，即搜寻时的快速和送货时间的快速。实，即实惠的折扣价格。亚马逊公司自称是举世最大的折扣业者，有高达30万种以上的书目可以进行购买折扣优惠。简，即"一点就通"功能服务。只要任何人在亚马逊买过一次商品，亚马逊就会记住购物者的相关资料，下回再购买时，只需要鼠标点一下欲购之物，网络系统就会帮你完成之后的手续。

随着网络在美国的发展，亚马逊的销量骤然上升，业绩突飞猛进。6个月后，亚马逊总部搬迁到2 000平米的仓库；又过了6个月，亚马逊总部再次搬迁到西雅图一个工业区面积为17 000平米的大型仓库。

除了空间不断扩大以外，员工人数也不断增加。亚马逊的成长十分迅速。这家仅有4年历史的公司击败了创立125年、并有1 000多家连锁店的业界霸主——巴诺书店。

如今，杰夫·贝佐斯名震全球，成为世界电子商务之父。

创业的哲理

将顾客放在最重要的位置上，是知识经济时代任何企业制胜的武器。杰夫·贝佐斯创立了电子商务模式，这是对世界经济的一大贡献。他作为亚马逊网上书店的创办者，十分注重顾客服务。顾客就是创业者的衣食父母，拥有自己的稳定顾客，就是拥有了源源不断的利润。不管是在过去，还是在当今时代，技术革新实际上也是为了更好地服务顾客。时刻把顾客放在最重要的位置上，这对于一个服务性的行业来说特别重要。

73 把心交给顾客，顾客就把心交给你

王卫：服务是最好的营销

创业故事

顺丰是一个鲜见广告宣传的企业，尤其对一些不了解快递市场的人来说，没有听说过顺丰这家快递公司也不足为奇。但就在这种低调之中，顺丰默默地拿到了最多的业务，成为最多顾客的首选快递。

将顺丰打造成拥有如此强大实力的企业的，就是每位员工对顾客的服务，而顺丰也通过这种独特的服务营销，成就了真正的快递帝国。

实际上，快递产业的服务非常不好判定或者划分等级。不同的顾客对不同的派件员会有完全不同的看法，就算是相同的派送员、相同的言谈举止，不同的顾客也可能会有完全不同的评价，因此想要让所有顾客满意是不可能的。为了尽力在服务方面做到最好，顺丰开辟了高科技的完整服务系统。就算营业员态度不够好，没有做到全程微笑服务，顾客仍然可以从这套系统中感受到顺丰作为民营快递领头羊的实力。

这套系统包括员工以最快的时间收发货物、顾客可以在网上全程把控货物的运送情况等服务，它让许多顾客感到非常贴心。尽管别的快递公司也采取了类似的做法，但他们往往做得不如顺丰精

细。不少顾客在对比之后发现，许多快递只能查询到货物在几个小时前乃至前一天的动向，但是在顺丰的系统上，顾客可以清晰地了解到自己的货物现在正位于什么地方，处于运送过程中的哪一个位置。

快递是带有服务性质的，员工能够给顾客提供怎样的服务，决定着顾客未来的选择方向。做服务行业的人都知道，顾客在细节上享受到的体验，能够成为该服务行业超越同行的决定性竞争力。最终决定顾客如何选择的，也就是那些看似微不足道的一点一滴。因此，在顾客感受方面，顺丰会比其他公司多考虑一些。每当货物安全送达收件人处后，工作人员都会再停留5分钟。在这5分钟里，他会将刚才收件的时间和收件人姓名仔细记录，随后发送给寄件者。这不仅让顾客更加安心，还能够及时发现是否出错，方便立刻追回货物。

除此之外，顺丰的客服部门也显得井井有条。这个部门的工作人员全是年轻的女孩，并且统一着装，全部白衬衣和黑西装。她们在各自的小隔间里工作，戴着耳机耳麦，整齐划一，尽管各自都在轻声说话，但没有嘈杂的感觉，给人留下严谨的印象。

随着一体化服务系统的日益完善，王卫要求员工们提供更优质的服务。

服务是顾客与员工的交流，优质的服务能够给顾客留下良好的印象，加强顾客对顺丰的依赖度，同时还能得到顾客及时的反馈，从而有益于顺丰的不断前进。

创业的哲理

任何一个企业，即便是生产型企业，在销售产品的同时也要伴随着服务。服务态度不好必然会对营业额有影响，服务质量提高了，回头客自然会增多，自然也会提升营业额。那么，企业要靠什么来彰显服务质量呢？

答案是服务态度。好的服务态度，会让顾客在接触你的那一刻起就保持非常好的心理感受，会情不自禁地因为你的服务而掏钱，而且下次还会来光顾你，并且还会告诉他认识的人你的服务好。

74 信誉带来顾客，更带来回报

明星私营企业的诞生

创业故事

陈先生是湖北人，原本在县里一家小工厂上班，收入微薄，还要抚养一双弱智儿女，经济状况十分窘迫。看到人家搞个体经营红红火火，为了改善自己的生活，不甘受穷的陈先生主动办了停薪留职手续，出来做服装生意。因为他生性耿直，对买卖服装中讨价还价的经营方式不习惯，就和别人合伙跑到深圳做起批发服装原料的生意，结果行情没吃准，一下子赔光了老本，还欠了银行1万多元。面对一身债务，他并没有消沉下去，他想到自己有一手娴熟的发动机修理技术，便决定充分利用自身的优势，办起了一个摩托车修理部。

陈先生认为，要想在激烈的市场竞争中站稳脚跟，就必须诚实劳动，守法经营。有一次，一个顾客推着摩托车找到陈先生，说："这超导曲轴变形了，你能修吗？"陈先生看了看说："没问题。"不到半个小时，摩托车就修好了。那顾客问："要多少钱？"陈先生告诉他说："小毛病，不要钱。"开始，那顾客还有点不相信，后来，见陈先生真的不收钱，就告诉陈先生说，他是刚从另一家修理店过来的，那家一张口就要400元呢。从这以后，这个顾客逢人就讲这件事，还经常介绍别人到陈先生这儿来修车，陈先生的生意渐渐红火起来了。

陈先生的摩托车修理部为他积累了一些钱，从1992年开始，他不再满足于修修补补、小打小闹，于是开始办公司经销摩托车。在他的公司里，摩托车保售后服务两年，保行程3 000公里，不收取分文修理费。凭着这样优质的服务，他的公司成为人们购买摩托车的首选。

陈先生对商家更是重合同、守信誉。1992年，陈先生结识了一位在湖北颇有名气的摩托车经销商，双方签订了供销合同：由对方供货，陈先生售后付款，一月一结账。尽管陈先生有时资金困难，但是他坚持做到对经销商不拖不欠，商家对他的业务进行了暗地考察，发现他确实信守合同，没有少报和瞒报营业额。现在该公司在全省的140多家代销点全部撤完了，就只保留了陈先生这一家。

陈先生凭借自己的诚实，换来了丰厚的回报。1997年11月，济南轻骑集团总经理到湖北来考察市场，被陈先生的踏实作风所感染，当场拍板把陈先生的公司定为轻骑集团在鄂西北地区的特约经销点。如今陈先生的亨达公司已经成为湖北地区的明星私营企业。

创业的哲理

陈先生将一个小小的摩托车修理部变成了明星企业，是凭借着诚实劳动和特色服务。诚信为立身之本，在生活与商业中起着决定性的作用。良好的信誉不仅能带来顾客，也会带来供货商的信任与支持，也就带来了无穷的财富。

无论是做企业还是做人，诚信都是十分重要的。一个拥有良好信誉的企业才能拥有众多的顾客和合作者，才能在激烈的竞争中得以生存和发展。

75 人无信不立，店无信不兴

"芳芳"：值得信赖的美丽使者

创业故事

下岗前，林芳是某酒店的一名普通员工，在工作中，初步接触了具有艺术意义的插花。1995年，林芳在小孩出生后下岗了。当时，林芳的丈夫所在的单位效益也不好，自己投入股市的钱也被套牢了，他们的生活一时陷入了困境。为了养家，林芳的丈夫开始四处打工。1996年底，林芳和丈夫一起逛街时，看见不少市民在一个露天市场的地摊上围购鲜花，便萌生了开办一个鲜花店的念头，"芳芳"就这样诞生了。

万事开头难，花店开业之初，他们夫妻俩一天只睡4个小时，他们经营鲜花，十分注意鲜花的保鲜工作，以保证卖出去的都是最新鲜、最美丽的鲜花。如果鲜花不"鲜"，他们宁可忍痛处理掉，也决不卖给顾客。就这样，一束一束鲜花，一个一个顾客，夫妻俩的诚信经营终于换来了顾客良好的口碑。

随着鲜花市场的竞争越来越激烈，"芳芳"并没有停留在过去的成绩上，他们不仅一如既往地讲诚信，更是努力紧跟时代。除购买一大堆有关书籍进行学习，虚心向插花师傅请教，以增加更多花色品种之外，1999年他们夫妻俩受一位玩电脑朋友的启发，还建立了"网上花店"，与国内外花店联手联网做生意。北京、杭州、沈阳，美国、新加坡、马来西亚……从1999年仅有的一单生意，到现在与全国400多个城市、世界100多个国家建立了网络合作关系，“网上订花”量逐年增加，使其成为一种时尚。

“芳芳”渐渐成为大众认可的一个品牌，市场也越做越大，但他们更加注重服务质量和品牌形象。

如今的“芳芳”已成为广大顾客心目中一个永远值得信赖的美丽使者。

创业的哲理

诚信是中华民族的传统美德。创业成功的一大关键，是为人要诚实。人无信而不立，店无信不兴。林芳从下岗到努力开创自己的一番事业，靠的就是诚信经营。经营讲信誉，售货路自通。良好的口碑是对创业者最大的奖励。诚信使创业者获得公众的信赖，从而获得更大的市场，使创业者的事业飞速发展。

76 金杯银杯不如顾客的口碑

老带新，顾客是最好的广告

创业故事

到了销售淡季，望着不断下滑的公司业绩，张老板开始想办法了。

他组织了一系列新老顾客共同参与的游园聚会活动以及优惠措施，让老顾客向新顾客介绍产品情况和使用感受。而他挑选的老顾客，有很多都是“内行”和“联系人”，他们主动将产品信息传播了出去。同时，借助顾客之间的沟通和互动，为参加活动的人带来一定的环境压力，形成了一个互相感染的环境。而且，企业通过一些给新顾客的优惠政策，吸引更多的新顾客加入活动。

结果，张老板的公司在几乎没有大众媒体广告的情况下，不到一个月，销售总金额就超过了旺季的水平。

创业的哲理

“金奖银奖不如顾客的夸奖，金杯银杯不如顾客的口碑”，口碑宣传是一种古老而有效的市场营销方式。其优点在于准确性好、针对性强、可信度高。根据口碑传播对消费者行为影响的研究发现，口碑传播的影响力比媒介广告的影响力高7倍，比促销员的影响力高4倍。消费者转换品牌更多是受口碑传播的影响，而非广告的影响，前者的影响力是后者的2倍。在促使消费者态度由否定、中立到肯定的转变过程中，口碑传播所起的作用则是广告的9倍。

作为企业，你要尽力同顾客建立有利可图的、稳定的、持续的商业合作伙伴关系，以便达到持续增加业务量的目的。一般来说，事实是：我们帮助朋友和我们喜欢的人，胜于帮助其他人。因为在现实生活中，谁都渴望建立良好的人际关系，巩固彼此之间的友谊。要想让老顾客帮你介绍潜在顾客，你首先需要做到的是取得对方的信任，顾客只要喜欢你，他们多半也会帮你的忙。

77 卖出去的产品不是泼出去的水

小厂为何能有大作为

创业故事

人们在提到华北石油管理局器材供应处保定转运站石粉厂的时候，往往会谈到两个方面：一个是说它名气太小，小到连与其为邻的华北局许多单位都不知道保定转运站还有一个石粉厂；二是说，这样一个不起眼的小厂，从2005年到2007年第一季度，重晶石粉销量居然达到4.4万吨，产品不仅在中国石油企业内部享有很高声誉，还有9 150吨出口到哈萨克斯坦、委内瑞拉、南非等国家。许多人不禁要问：小厂为何能有大作为？

确保质量是首先要做到的，因为这个厂的产品质量始终保持稳定状态，使产品质量得到了越来越多顾客的认同，成为他们心目中的放心产品、信得过产品，信誉好自然效益好。除此之外，另一个重要原因就是他们把服务延伸到产品出厂之后。

有一次，一车发往某钻井单位的重晶石粉顺利启运，然而，当料车到达目的地后，验货人员发现，由于装车时雇佣的临时工不明情况，错把40余袋经雨淋的重晶石粉装进了这批运输车中。一般讲，如果不是急用，雨淋的重晶石粉经晾晒后，不会影响其性能。但他们不但将所有的雨淋重晶石粉悉数追回，补足了同等数量的合格产品，而且追回的雨淋石粉竟全部做了废料处理。

对这样的处理，厂长这样解释："在许多人的眼里，卖出的产品就如泼出去的水，不可能再收回。这种一锤子买卖的做法其实早已不合时宜，当今市场竞争的最大特点是服务没有止境，售前要求产品质量一流，售后服务更要细致周到。只有这样，才可以赢得顾客，赢得市场。"

按照这位负责人的服务理念，该厂将"优质服务当作企业永恒的追求"。制定了用户回访制度，设立了用户投诉记录和用户回访记录，按照这些制度要求，厂领导每个月都要带队到各个相关的钻井公司、供应站、泥浆站进行产品质量回访，听取用户的意见和建议。根据回访到的意见和建议，这个厂对产品制作技术、检测手段、管理方法、售后服务等进行系统而科学的改进。由此，不但巩固了老顾客，而且还促使这些顾客成为这个厂产品的义务宣传员。这家工厂出口到哈萨克斯坦、委内瑞拉、南非等国家的9 150吨重晶石粉，没有经过工厂任何人的刻意推销，而是顾客从老顾客那里听到夸奖后主动与这个厂联系购买的。

创业的哲理

激烈的市场竞争使售后服务、跟踪服务不再仅仅作为一种宣传和促销手段，个性化、全方位、人性化的服务正逐渐成为各大厂商领先对手的利器。所以，必须给顾客更多的关注和关怀，只有抓住了他们，才有可能实现真正的强大。而顾客跟踪服务，是顾客服务的一个重要环节，目的在于将目前顾客变成忠诚顾客，即通过一系列完善的跟踪服务体系，最大限度地提升顾客的满意度，从而拥有稳定的忠诚顾客资源，最大限度地发挥企业的竞争优势。

78 员工是企业最宝贵的资源

玫琳凯：与员工一起打江山

创业故事

玫琳凯出生在美国德克萨斯州。她是个好强的人，读完中学后，她就参加了工作，后来成为史丹利家用品公司的直销员。她认为直销工作适合她好强的个性。1938年，喜欢竞争的个性让玫琳凯成为史丹利家用品公司的销售皇后。从1959年开始，玫琳凯转到世界礼品公司工作，但在遭受到歧视待遇之后，玫琳凯决定立刻辞职。

这时，玫琳凯已经有25年的直销经验，她产生了写书的念头，想写一本有关管理的书。但随即，她又认为与其在纸上写下梦想，不如着手去开办一家梦想中的公司。就这样，45岁的玫琳凯开始了自己的创业，她用积累下来的5 000美元创办了玫琳凯化妆品公司。

刚刚开始时，由于资金有限，公司就像一个小作坊，玫琳凯与丈夫一起包装产品、贴标签，标签上写着："玫琳凯化妆品"。玫琳凯的化妆品渐渐打开了市场，为了促销，玫琳凯写了一份5页的直销顾问导读，印刷简讯，鼓励直销员替公司宣传。公司第一年的销售额是19.8万美元，到1966年，销售额增长到130万美元。

玫琳凯不仅是一个成功的化妆品推销人员，而且是一个成功的企业管理人才。玫琳凯制定自己的管理原则，即"上帝第一，家庭第二，事业第三"。玫琳凯化妆品公司的员工大部分是女性，为了充分发挥女性员工的积极性，公司不确定她们的销售指标，也不制定任何限制性条款，员工可以自行决定上班时间，以便有足够的时间可以去料理家务。这个管理原则为个人沟通式管理奠定了坚实的企业文化基础。

1972年，玫琳凯公司拥有数千位员工及1 800万美元营业额，已经成为全国雇用妇女最多的私人企业之一。到20世纪80年代初，玫琳凯公司发展成为拥有5 000多人的国际性大公司，并拥有一支20多万人的兼职推销队伍，成为世界化妆品行业的皇后。

2000年，玫琳凯公司业务扩展至全球包括哈萨克斯坦、斯洛伐克和菲律宾在内共35个国家和地区。如今，玫琳凯化妆品公司已经拥有50万名美容顾客，是位居美国护肤及彩妆两大系列化妆品市场第一品牌的跨国集团，并被美国《财富》杂志列为全美国最受尊敬的大财团之一。玫琳凯作为商界妇女的代表，与居里夫人、希拉里·克林顿等一起被评为20世纪全球最有影响力的妇女。

创业的哲理

玫琳凯重视自己的员工，把员工看作是企业最大的资本。借此，她依靠员工创造出不同凡响的业绩。她的管理方式使公司中的每一个人都受到平等的待遇，在公司中的升迁以每个人的条件为基础。玫琳凯对员工关心入微，这使得公司中的所有员工之间都保持着密切的关系，也使员工的积极性和主动性得以充分的发挥，使原来普普通通的员工脱颖而出，成为玫琳凯公司的主力。创业者要牢记这一点，员工是最宝贵的资源，要善待他们。

创业导航：创业者如何经营人脉

有人说，二十岁靠体力赚钱，三十岁靠脑力赚钱，四十岁以后则靠交情赚钱。

美国大亨洛克菲勒在其全盛时期也曾感慨地说："与人相处的能力，如果能像糖和咖啡一样可以买得到的话，我会为这种能力多付一些钱。"

由此可见，人脉资源是一种无形的财富。作为一个创业者，如何去经营好自己的人脉，这是你事业能否成功的关键因素之一。常常有人抱怨，我想创一番自己的事业，却没有合适的主攻方向，也缺乏必要的资金力量，能不得贵人相助。其实，庞大的资源往往就在你身边，只要善于把握、打理、培植你的人脉，就能聚集人气，进而形成人望。那么，资金、技术、渠道还不是唾手可得？又何愁大事不成？

1. 慷慨大气结交朋友

在现代社会，建立人脉已远远不是过去所谓的"拉关系"那么粗俗简单。为了寻找人脉，你需要主动出击，找到想认识的人就想尽办法去结识，结识后当自己的好朋友慷慨对待，用心去经营。经常吃饭喝酒的那是酒肉朋友，不见得是出于真心。但发展人脉的出发点就是先"跑量"，再从中精选可重点发展的对象。所以，走好第一步，慷慨对人，让人感受你的大气是必须的。

2. 放低姿态增人望

要广增人脉，不仅要物质上的努力，更多的是注重将心换心。

人类本质中最殷切的需求是渴望被肯定。学会“放低姿态、放软身段”，学会仔细倾听别人的话，更学习“忖度他人之心”，理解朋友这样说的原因和立场，尽量体谅他们。这样做既能学习他们的优点，也能让朋友感到自己被尊重和理解。

3. 不忽视小人物

对事情看得透，眼光够远，从不会轻视小人物。也许你没有富爸爸，没有可减少奋斗二十年的终身伴侣，但懂得人情学，一样可以得贵人相助、获得多方助力。但是，千万不要怀着一份过于势利的短浅眼光去经营人脉，别人现在富贵、出金入银，就一副小人嘴脸伺候着，别人是个潦倒的小人物就忽视、轻视、鄙视他。

4. 困苦不离见真情

怎样才能让朋友能在你生病的时候流泪呢？最简单的办法是在他们平时健康平安的时候和他们交好，在他们落难困苦的时候更热心地帮助他们。危难时刻建立的人脉不仅有用，而且能获得很好的口碑，在以后交别的朋友时也用得上。

5. 坚持原则得信任

讲求人脉，不是要你去奉行见人就交朋友的“小人之交”，而是要选择有原则的“君子之交”。一个不会为了利益而出卖原则、损害他人的人会让朋友放心。

6. 网上亮相聚人气

科技的发达，让人际网络的往来变得多元而复杂。有些人的QQ、MSN上的朋友名单上百位，经营一个网络商铺，居然有数千位忠实顾客。网络上一天所认识的朋友，可能比过去现实生活中一年所认识的还多。网络交友已经成为时尚和流行，也是不错的“从虚拟变现实朋友”的渠道。在这个时代，如果还死抱老想法，不屑于网络上的人脉，实在可惜。

7. 名片管理常保鲜

台湾有位著名的“名片管理大师”叫杨舜仁，他号称有16 000多张不同人的名片，而经过他自己建立的一套名片管理系统，可以在几秒内找出任何一个想要的人的资料。

让他想到开发这个系统的契机是自己2001年从原来公司辞职时，群发了3 000多封电子邮件，告知众亲友辞职的原因，同时感谢大家多年来的照顾。没想到发出信后，陆续收到300多封回信，其中包括16个全职和兼职的工作机会。于是他开始进行名片管理的研究，有系统地将名片输入计算机中，同时从推荐的十六个工作机会里，选择一份赴中小企业讲演网际网络应用的兼职工作。

现在开始整理你手边的名片，绝不会太迟，工具就在你我身边，只要会用Outlook，就能立即进入操作。